JN315389

家計簿をつけなくても、お金がどんどん貯まる！

野瀬大樹＋野瀬裕子

講談社＋α文庫

はじめに

私たちは家計簿をつけません。
それは、世間にあふれる家計簿の本、節約の本、投資の本を読み漁った私たち夫婦の結論です。

- レシートを集めて毎日記録しよう
- 家計簿ノートをつけよう

家計テクニックの本にはだいたいこういった内容が書かれているのですが、私のまわりにしっかりそれを実践している人はいません。

それはなぜか？
簡単です。**結局面倒くさいからです。**

私たち夫婦も、最初は本に書いてあるあらゆる方法を試してみましたが、結局長続きせず。

エクセルで家計簿を作ったり、レシートを張りつけるノートを作ったりもしましたが、仕事から疲れて帰ってきたあとは、だんだんそれ自体を作るのが面倒になり、最後には夫婦ゲンカになることもしばしばでした。

半年くらい試行錯誤して悩んだ結果、夫婦で出した結論は、

「家計簿をつけるのをやめてしまおう！」

でした。正確にいうと、「今まで私たちが思っていたような家計簿を作るのをやめてしまおう！」ということです。

その後はどうなったか？

家計簿をつけるのをやめた私たちですが、今ではしっかり計画どおり貯金をし、株式の運用をし、念願の投資用不動産も購入することができました。

さらには、私は貯まったお金で会計士として独立することができ、家内は10代のときから入りたかった大学の大学院に入学することができました。

節約ばかりと思われがちな私たち夫婦ですが、節約し、貯金し、運用したお金で念願のハワイのホノルルマラソンにも参加しました。

どうしてそんなことが可能になったのか？

それは、そもそも家計簿をつける本来の目的「だけ」に立ち返ったからだと思います。

家計簿をつける目的、それは、

- **自分の今のお金の状態を知り**
- **自分のお金の収支の傾向を知り**
- **将来どのようにお金を使うのかを決める**

そしてこの目的「だけ」に注目した結果、考えた方法は一つ。

それは「管理することを極限まで減らす」ということ。私たちは月2回、合計30分だけの作業で家計を管理しています。

そして、目標額を貯め、自分のやりたかったことができるようになりました。

節約や貯金はそれ自体が目的になってはいけません。

なぜならお金は使わないと意味がないですし、「貯まったらこんなことができる」というゴールがなかったら人間は毎日頑張れないからです。

極力管理をせずに目的のために貯めて、そして目標額が貯まったら、夢と目標のために惜しみなく使う。

節約とはお金を「使わない」ことではなく、お金の「使い道を変える」ことだと思うのです。

そういったとにかく「前向き」な節約を提案したかったので、

- 電気をこまめに消す
- 大根は葉っぱも食べる
- 夕方5時のタイムセールを狙う
- ガラス窓には保温のためにプチプチシートを貼る

といった細かい節約方法についてはあえて書きませんでした。

「こんなことはもう実践している」という方もいるだろうし、「こんな細かいことをしていたら気が滅入る」という方もいると思うからです。

私は**「貯金」とは前向きで明るく、そしてその実践方法はシンプルであるべき**だと思っています。

本編は「初級」「中級」「上級」、そして「衣食住の再チェック」と大きく4つに分かれていますが、本当にシンプルな部分だけ知りたい！　という方は「衣食住の再チェック」から呼んでいただいても『貯金革命』のエッセンスが分かると思います。

そんな新しい貯金術を、みなさんと一緒に進めていければと思います。

目次

第1章

初級編 家計管理は月30分

第2章

中級編
残高表と予算表を作ろう

第3章

上級編
うっかり費の管理をしよう

第4章

だれでもできる衣食住の再チェック

第5章

ストレスフリーの貯金革命へ

本文イラスト／ぽるか　村山宇希

第1章

初級編
家計管理は月30分

初級編

「楽じゃなければ続かない」

「家計簿をつけよう！」

世の中の節約術、家計術の本にはこんな言葉が並んでいます。

しかし、この「家計簿」を毎日続けられたという人を私は聞いたことがありません。そう、私も含めて。

家計簿をつけると、「どうやらいいことがあるらしいぞ」とはわかっているのですが、家計簿をつける人はいない。

その理由は単純、「面倒くさいから」です。

結婚当初、私たち夫婦も家計簿を作っていました。

レシートを張りつけるノートを作ったり、リンクが飛びまくっている複雑なエクセルデータを作ったりして、なんとか「家計簿をつけよう！」という節約本の指導を実践しようと試みました。

私たちは夫婦ともに会計士の仕事をしているので、「数字には強い」という自負があり、「私たちの手にかかれば家計の管理なんて楽勝だ！」という思い込みがあったのですが、その自信は見事に打ち砕かれることになったのです。

「合わない！」

毎月決算をして、実際の現金預金の残高とエクセル上の理論値を照合するのですが、残高がどうしても合わない。

それもそのはず。コンビニで買い物したときにレシートをもらい忘れることもあるし、自動販売機や電車・バスの運賃のようにそもそもレシートを残しにくいものもあるからです。

私は生まれたときからいいかげんな性格なので、「まあいいじゃない」と言ったのですが、生まれたときから細かい性格の家内は、どうしても残高が合わないと気が済まないので、レシートをひっくり返して調整します。

でも合わない。

しまいには家内が泣き出して、夫婦ゲンカがはじまる始末。

そんな生活を半年ほど続けるなか、二人の間で試行錯誤を重ね、いい意味の妥協を続けるうちに「スッ」と腑に落ちる家計管理方法を徐々に作りあげることができました。

「家計簿を完璧につけられない」

「つけようと思ってもどうしても必ず漏れがでる」

そんな状況の私たち夫婦が行き着いた方法は、私たちらしい「なまけもの」ともいえる方法でした。

初級編

「続く」家計簿はタンスの中にあった

家計簿作りに四苦八苦していた私は、ある日自分の預金通帳を見ていて、ふと思いました。

「通帳には〝❶月の初めの残高〟があって、〝❷入ってくるお金（給料など）と出ていくお金（振り込みやATMでの引き出しなど）〟があって、そして〝❸月末の残高〟がある。この流れって、それだけで立派な家計簿なんじゃないか」

そんな発想です。

そう、ATMに行けば機械がバチバチ記録してくれる銀行の預金通帳は、それだけ

で家計簿なのでは？　ということに気づいたのです。

そして、「自分でつけるのが面倒ならば、まずは機械が自動的に記録してくれる銀行の通帳を利用してみよう」と考えたのでした。

それからは、通帳を眺めながら試行錯誤。

当時の私の通帳は左ページのような感じでした。

会社から給料が入っているのはわかるのですが、そのお金が何に使われたのかがまったくわからない。カードの支払いについても明細を残していないために、結局何に使ったのかがまったくわかりませんでした。

いくら入ってきて、いくら使って、いくら残ったかはわかるのですが、その内訳がまったくわからないのです。**「使い過ぎだ！」と頭ではわかっていても、これでは何から手をつけたらいいか判断できません。**

お金を増やすステップ以前の問題として、そもそも「何にどれだけ使っていたか」がわからない状態が続いていたのです。

それが今はどうなったか？

■ 野瀬家の過去の通帳

年月日	お預り金額(円)		お支払金額(円)		差引残高(円)
4月25日	給料	332.500			2.854.322
4月30日			ATM	80.000	2.774.322
5月 2日			ATM	50.000	2.724.322
5月 6日			ATM	30.000	2.694.322
5月10日			ATM	40.000	2.654.322
5月15日			カード	58.327	2.595.995
5月21日			ATM	14.000	2.581.995
5月25日	給料	347.561			2.929.556
			ATM	50.000	2.879.556
			ATM	39.000	2.840.556
			ATM	90.000	2.750.556
			カード	45.871	2.704.685
			ATM	25.000	2.679.685
			ATM	30.000	2.649.685

何に使ったのかわからない
引き出しがたくさん！

■ 野瀬家の現在の通帳

年月日	お預り金額(円)		お支払金額(円)		差引残高(円)
4月25日	給料	332.500			2.854.322
4月30日			ATM	200.000	2.674.322
5月15日			カード	31.489	2.595.995
5月25日	給料	347.661			2.943.556
5月30日			ATM	200.000	2.743.556
6月15日			カード	32.589	2.595.995

ＡＴＭの引き出しとカード引き落としが
月１回ずつだけ

今の預金通帳は上のような状態です。

昔の通帳と違い、非常にすっきりしているのがわかります。

そして現在では、この毎月の引き出し額20万円の使い道もわかっています。

つまり、毎月「どこからいくら入ってきて」「何にいくら使い」そして「いくら残ったのか」がわかるようになったのです。

しかも**家計のチェックに使っている時間は月に30分程度。**

どうすれば月30分の管理で、このように通帳（＝家計簿）がすっきりし、内訳も把握することができるのでしょうか？

では、その具体的な方法を順に考えていきましょう。

初級編

通帳を2つに分けて考える

先ほど登場した通帳を2つのグループに分けて考えてみましょう。

まずはみなさんの通帳に鉛筆で書き込みをして、通帳の1ヵ月分を次の2グループに分けてください。

1つ目のグループは、1ヵ月間の「お預かり」と「お支払い」の部分。

ここからは、あなたの収入と支出がわかります。まとめて、「収支」というグループにしましょう。

そして2つ目のグループは「残高」です。

この2つのグループは、次のような関係にあります。

月初の「残高」に給料などの「収入」が入ってきて、さらに生活費や家賃など、「支出」としていくらかが出ていく。

その結果として翌月の「残高」が決まります。

毎月毎月、収支の積み重ねで残高が推移していくわけです。毎月何を食べ、どれだけ運動したかにより体重が決まるのと同じです。

まずはこの循環をイメージしてください。

貯金とはつまり、この残高をいかに増やしていくかということなのです。

しかし、上手に貯金をしていくためには、いきなり節約をはじめても意味がありません。

第一歩は、「残高」をきちんと把握し、自分のお金の現状を知ることなのです。

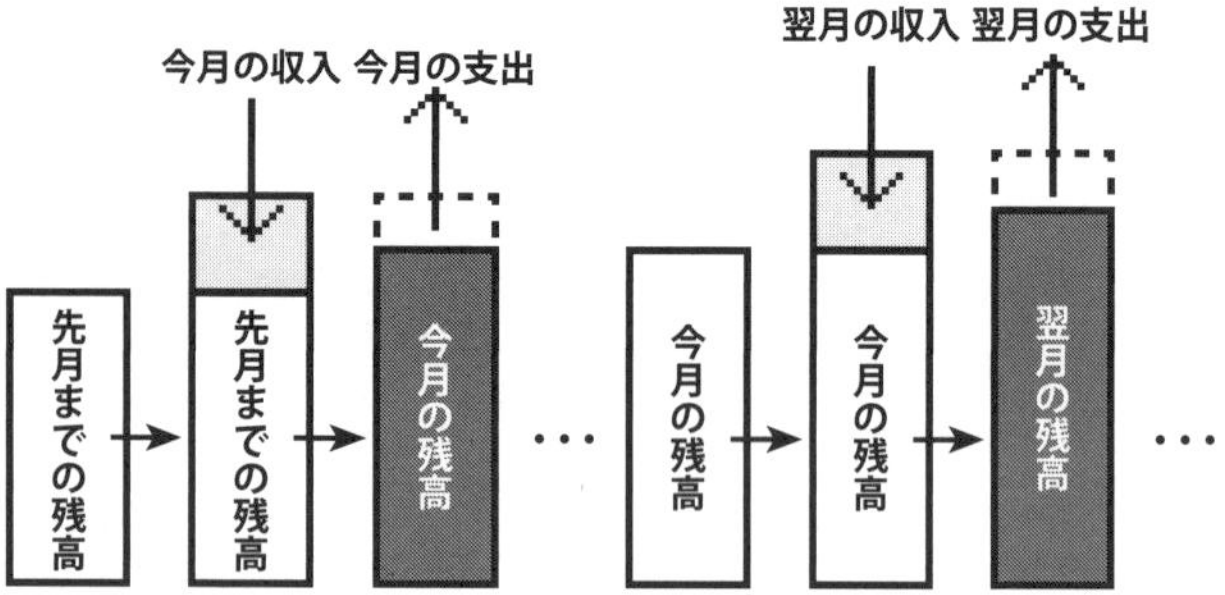

◉「残高」を使った家計管理

では、「残高」に注目するにはどうすればいいのでしょうか？

これに手間は要りません。

ただ単に、銀行預金の「残高」が増えているのか減っているのか確認するだけで結構です。

ここで重要なのは「前月末と比較して増えているか減っているか」の1点のみ。

そして絶対必要なのが、増減を目に見える形にすることです。

エクセルでも手書きでもいいので、必ず増減をグラフにしてリビングに貼っておきましょう。

私は独身時代、お金は必要なときにＡＴＭでおろすという生活を送っていたため、自分の「残

■ 毎月末の残高をチェックする

年月日	お預り金額(円)		お支払金額(円)		差引残高(円)
4月25日	給料	332,500			2,854,322
4月30日			ATM	200,000	2,674,322
5月15日			カード	31,489	2,595,995
5月25日	給料	347,661			2,943,556
5月30日			ATM	200,000	2,743,556
6月15日			カード	32,589	2,595,995

収支　　残高

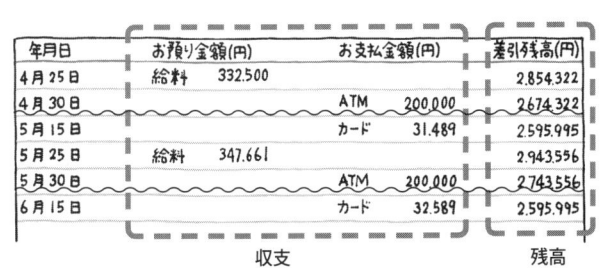

高」が増えているか減っているかさえも知りませんでした。

結婚して家計を見る目が厳しくなった今ではしっかり把握していますが、それも残高を目に見える形にしてモチベーションと緊張感を高めているからだと言えます。

「残高が増えたか減ったか」を記録して、リビングに貼る。まずこれだけは必ずおさえておいてください。

1年分のグラフをつけてみて、残高の伸びがよくない人、もしかしたら1年前より減っている人もいるかもしれません。

この事実をリアルな数字で把握することが、貯金の第一歩なのです。

今日から貯金革命！

その1

家計でまず意識するべきは預金の「残高」。

ダイエットでもまずチェックすべきなのは、食事や運動ではなく「結果」である体重。

家計管理は１年間の「残高」の増減を時系列でグラフにすることからスタートする。

それができたら、次は3年間の増減を時系列でグラフにする。

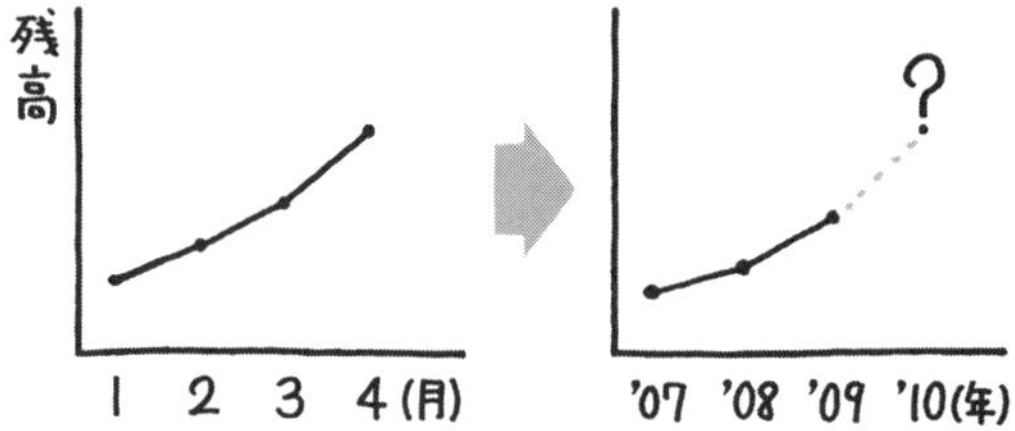

◉「収支」を使った家計管理

では、貯金の残高を〝増やす〟にはどうすればいいのでしょうか？

それは、毎月の「収支」について考えることです。家計の「収支」を見ると1ヵ月間「何で稼いで」「何に使ったか」ということがわかります。

下の通帳を例にとって説明しましょう。

収支の「収」とは収入、給料です。1ヵ月の稼ぎがここでわかります。

一方の収支の「支」は支出、「❶ATM」「❷カード」の2つになります。

「❶ATM」は、コンビニエンスストアや銀行のA

■ 通帳でわかる「収支」

年月日	お預り金額(円)	お支払金額(円)	差引残高(円)
4月25日	給料　332,500		2,854,322
4月30日		ATM　200,000	2,674,322
5月15日		カード　31,489	2,595,995
5月25日	給料　347,661		2,943,556
5月30日		ATM　200,000	2,743,556
6月15日		カード　32,589	2,595,995
	収入	支出	残高

TMで引き出した現金です。

「❷カード」は、1〜2ヵ月前に使用したクレジットカードの買い物です。

前述のとおり、残高とは毎月の収支の積み重ねです。言い換えれば、**毎月の収支のバランスが月末の残高を作りだすのです。**

だから、その原因である収支を変えることでお金を増やしていきます。

そこで、選択肢は2つ。

収入を増やすか、支出を減らすかです。

ただし、収入を増やすといってもなかなか簡単なことではありません。

給料がいきなり増えることはないですし、かといって投資や副業をはじめるには時間も手間も必要です。

一方、支出を減らすことは収入を増やすことに比べれば簡単ですし、効果もすぐに出ます。

私がそうであったように、家計の問題はだいたい支出のほうにあるのです。

そしてその支出を減らすためには、まず「お金を何に使っているのか」その詳細を調べ、家計のムダを省くことが大切になります。

しかし、これがなかなか難しい。支出の詳細を調べるのは大変です。

「家計簿をつけろ！」と節約本で大合唱されている理由は、この支出を把握するためなのですが、現実問題として家計簿をつけることで挫折する人が大半です。

なぜなら「面倒くさい」から。


ではどうするか？

レシートを全部とってノートに記録するなんていう方法ではありません。

私たちの方法はいたってシンプル。

家計の支出を「固定費」「変動費」、そして「うっかり費」という3つのグループに分類してしまいます。そもそも家計の支出とは大きく分けてこの3種類なのです。

❶固定費

毎月の金額が決まっている家賃や新聞購読料、生命保険の保険料が代表例です。

最近は定額制があたりまえになっているインターネット料金も固定費と言えます。

❷変動費

月の使用量などにより料金が若干変動するものの、大きな変化はないという支出がこれにあたります。具体的には、水道光熱費や携帯電話料金です。

❸うっかり費（超変動費）

これも変動費の一つなのですが、❷の変動費と違い、「たまにはいいか！」とハメを外しやすい費用のことです。具体的には食費（外食含む）、日用品費（家具含む）、小遣い、レジャー費用です。

このうち「❶固定費」については毎月同じ金額が発生するので、これを記録する必要はありません。

問題になるのは「❷変動費」と「❸うっかり費」。

家計簿が続かない一番の理由はこの「変動費」と「うっ

■ 家計の支出は3種類

	例
固定費	家賃・生命保険・新聞購読料・インターネット料金
変動費	水道光熱費・携帯電話代
うっかり費	食費・日用品費・小遣い・レジャー

かり費」を記録することが面倒になるからです。

ですが、この問題を解決する方法が２つあります。それは次のとおり。

「変動費」は人に記録してもらう
「うっかり費」は支出を固定する（予算化する）

まず、「❷変動費」については簡単。記録を人にやってもらいましょう。

人といっても、人間という意味ではありません。たとえば水道光熱費や携帯電話料金のように毎月発生することがわかりきっているものについては、**口座引き落としにしてしまうか、クレジットカード決済が可能ならば、すべてクレジットカード決済にして、カード明細という形で自動的に他人の手で記録が残るようにするのです。**

そして、「❸うっかり費」については固定してしまうことです。

食費や日用品費、レジャー費用といった「うっかり費」をカード決済にしてしまうと、お金を使っているという実感が薄れ、出費が膨れ上がるおそれがあります。

そこで月の初めに「〇〇万円しか使わない」と予算をあらかじめ決めてしまうので

す。

そして決めた予算を月初におろし、その金額しか使えないようにしてしまいます。

たとえ月末にお金が余っても、それを翌月に繰り越したりはしません。

余剰金はすべて貯金箱に入れてしまいます。

繰り越しが生じるということは、管理の手間をさらに増やしてしまうことになるからです。

面倒くさがり屋の私たちには、管理する手間を減らすこ

■ 3つの支出の払い方

	内容	払い方
固定費	家賃・生命保険・新聞購読料・インターネット料金	固定費であるため特に記録する必要はないが、振り込みが面倒であるため、できればクレジットカード決済。もしくは自動引き落としで支払う。
変動費	水道光熱費・携帯電話代	ポイントも貯まり、カード明細により勝手に家計の明細ができあがるので、クレジットカード決済にするべき。
うっかり費	食費・日用品費・小遣い・レジャー費	カード払いに適さないため、現金で払う必要あり。巨額になりやすいため、月初に一定額を引き出し、それ以上使わない。

とが一番の継続の秘訣。自動的に記録させる、うっかり費を固定する、この２つを実行してとにかく「収支」の管理を楽にしてしまうことが大切です。

今日から貯金革命！

その2

「残高」が増えていかない場合は「支出」をチェックする。支出は「固定費」「変動費」「うっかり費」に分類する。固定費は毎月同じ金額なので記録の必要なし。変動費はカード決済か自動引き落としにして「他人に記録してもらう」。そして、うっかり費は「予算化」する。予算として決めた額を月初におろし、余っても繰り越さず貯金。

◉ざっくりと支出のグループ（費目）を作ろう

そもそも家計の管理をする際、「何月何日に何を何円で買ったか」ということは大切ではありません。レシートをすべて保管し、円単位で記録することに労力を割いても家計は何も改善しないのです。

必要なことは「何月にどんなものをだいたいどれくらい買ったのか」ということを大まかに把握することです。

固定費は動かないし、変動費はカード決済にしているので、どちらも記録の必要はありません。となると、**残りの「うっかり費」を大きなグループ（費目）で分けてしまいます。**

もちろん、キャベツ98円、ニンジン75円、しいたけ１２０円、ねぎ……といった１円単位の記録では大変です。

「食費３万５０００円」くらいのアバウトさで問題ありません。

なぜなら、私たちは自分のお金の使い道や資産状況を他人に見せるためにやりくりしているのではないからです。

自分のお金の状況を知ることで、より豊かな人生を送れる方法を模索するために、家計管理をしているのです。

今日から貯金革命!

その3

収支のチェックで大切なのはグループ(費目)の設定。家計管理失敗の原因はグループを細かくしすぎるから。固定費・変動費は引き落としによりすべて記録が残るので、グループを設定するべきは「うっかり費」。そして「うっかり費」の内訳は①小遣い②生活費(食費・日用品費)③レジャー費の3つで十分。

初級編

ATM月2回ルールと家計の完全予算制

ここまでのステップを踏むと、固定費は最初から内容・金額がわかるし、変動費はカード明細を見ればわかります。最後のうっかり費は3つの費目でざっくり把握することができ、家計管理はシンプルなものに生まれ変わります。ただし、それは次のことを踏まえたうえでの話です。

1「ATM月2回ルール」
2「完全予算制」

この2つを車輪の両輪のように回すことで、家計管理が月30分だけで済むようになり、そして毎月のお金の使途の概要が把握できるようになるのです。

❶「ATM月2回ルール」

私たちがATMに行くのは月2回、そしてやっている家計管理は月に30分だけです。つまり、毎月末に記帳して、残高をグラフにつけるだけ。

もし残高が思うように増えていかないのなら、そのときだけ「収支（特に支出）」をチェックするという方針です。

ATM2回の内訳は、

> **1回目……現金引き出しと家賃などの振り込み（月末）**
> **2回目……通帳記入し、残高を記録（月初）**

かかる時間は合計しても30分程度です。それぞれについて説明します。

「1回目」

月末の現金引き出しは、「月に1回だけの現金引き出しが許される機会」です。つまり1ヵ月のうち通帳に「ＡＴＭ」と印字されていいのはこの日だけ。お小遣いや生活費など、翌月に必要な現金をすべて引き出します。**これが予算になるのです。**

また、家賃など月末までに振り込みが必要なものについてもこの日に引き出して、その場で振り込んでしまいます。所要時間は10〜15分程度です。

「2回目」

月初の記帳。これが私たちの家計管理の核となる部分です。月末時点の残高を記録するための作業です。

方法は簡単。ＡＴＭで記帳するだけです。

なので所要時間はこちらも10〜15分程度です。

インターネットバンクを利用している方は、利用明細の画面をプリントアウトするだけですから、所要時間はもっと少なくなって5分程度かもしれません。

そのため、本当は1回でもいいのですが、振り込みは月末までにやる必要があるのに対して、月末の残高をきっちり把握するためには、月初に記帳する必要があるので、月2回にしているという事情です。

ちなみに、私たちは通帳記入したほうが「家計簿を作っている！」という達成感が味わえるので、あえて通帳記入にこだわっているという理由もあります。

またATMに行く日ですが、時間を取られるのを防ぐために、混雑する31日などの月末日、給料日が多い25日は避けて、

1回目……現金引き出しは27日
2回目……記帳は1日

に行っています。

これを実行することにより、通帳に印字される「ATM」は月1回のみになり、シンプルでわかりやすい「通帳」＝「家計簿」ができあがります。

こうすることで現金を引き出す機会が減るため、手数料の節約にもなり、また、ATMに月2回しか行かなくなるので時間の節約にもなります。

今日から貯金革命!

その4

ATMに行くのは月2回もしくは1回に決める。重要なのは「毎月何日に行くか」を決めて、習慣化してしまうこと。

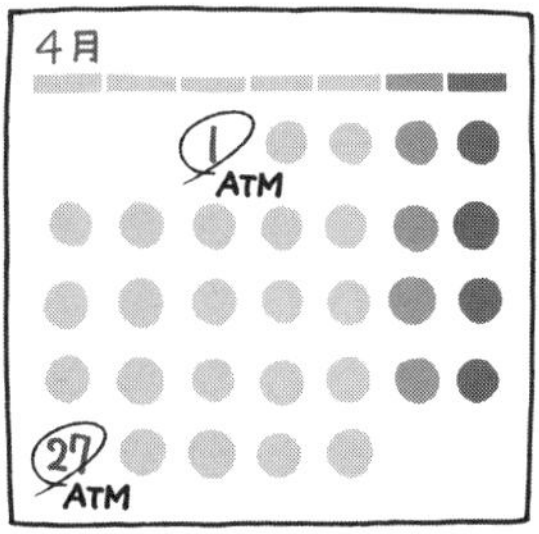

2 完全予算制

そして、このATM月2回ルールを実際に実行できるようにするために必要なのが「完全予算制」です。

そもそも、私たちが頻繁にATMに行ってしまう理由のほとんどは「うっかり費」です。

急な飲み会、ちょっと気になるCDを見かけた、ショーウインドウの服が気にいったなど、そういった「うっかり費」が原因でちょくちょくATMからお金を引き出してしまうのです。

しかし、〝つい〟お金を使ってしまったものについて考え直してみてください。そのほとんどが「これはやらなくてもよかったなぁ」という出費ではないでしょうか？

そんな「うっかり費」を固定し、ATMでお金をおろすのは月1回と決めてしまうことで、このムダな出費を極力抑えることができるのです。

結婚当初、私たちは膨らむ生活費を抑えるために試行錯誤していました。

そこで試しに導入したのが、「うっかり費」を固定する「完全予算制」。

最初は小遣いを5万円（毎日のランチ代込み）で設定したのですが、自由にお金を使っていた独身時代の生活サイクルが体に染みついていて、非常に息苦しく感じました。

しかし徐々に慣れてきて、いつの間にか小遣い5万円を守れるようになりました。そしてあるとき夫婦で相談してみて、「今年から1万円減らして4万円にしてみよう！」と当初の80％に設定し直してみました。

すると不思議なことに、何ヵ月か過ぎるとまた完全に慣れてしまい、少し予算が余るようになったのです。人間、こうして徐々に環境に慣らすことで、苦しかった予算にまた余裕が出るようになります。

これを繰り返すことで、予算はどんどんどんどん縮小していき、**私たちの小遣いは今では当初の半分以下！　生活費（食費・日用品費）も当初の70％に削減、そして支出全体も当初の45％まで削減されました。**

2年間で50％以上の削減！　我ながらすごいと思っていますが、生活の満足度はまったく下がっていません。

予算という縛りができたことで、今まで何気なく使っていた「うっかり費」のムダな部分が削り落とされていったのです。

人間は環境に適応する能力を持っています。いくらでも使っていい環境だと、どんどんムダなお金を使ってしまうものですが、「月○○円まで!」という制約があれば、その中で生活するためにうまく適応します。

この人間の環境適応能力をうまく引き出すのがこの完全予算制です。

では、予算が守れず「足」が出てしまったときはどうするのか?

何らかの商品やサービスを買ってしまった以上、払わないという選択肢はありません。とりあえず払うことになります。当然、その払うお金については銀行ATMに行くことになるでしょう。仕方ありません。

ただしその際も、**予算を破ってしまった場合には通帳の「ATM」欄にその使途を鉛筆で書き込むようにしてください。**

そして、守れなかったことを反省するとともに「本当に今の予算で大丈夫か?」という点をさらに吟味して、予算の組み直しを考えるべきかもしれません。

うっかり費の予算化はこういったトライ&エラーを繰り返して、自分にとって最適な額を組んでください。くれぐれも、通帳への書き込みは忘れずに。

ここまでが基礎編です。

「本当に面倒ください」人はここまでを試すだけでも、1年前に比べて家計は改善します。

基礎編を実行することで毎月の残高がどのように増減していくかがわかり、その増減の内訳（詳細な収支）もわかるようになります。

節約の第一歩は、自分の状態（残高）を時系列で把握し、その原因（収支）の大まかな内容を自動的に把握できるようにすることからはじまります。

ここまでの「残高」の時系列グラフと、「収支」の固定をすることで、貯金が増えるスピードは格段に速まります。

次章からの「中級編」では、この基礎編をさらに詳細に実行することで、貯金効率をあげる方法を模索します。

今日から貯金革命!

その5

完全予算制は最初は苦しいけれど、人間の環境適応能力はそれに勝る。とにかく3ヵ月試してみて、「体質改善」を図る。足が出たら通帳に必ず用途を書くこと。

第2章

中級編
残高表と予算表を作ろう

中級編

ステップ1 「残高表」を作る

上場企業の場合、毎月ほとんどの会社が「貸借対照表《たいしゃくたいしょうひょう》（バランスシート）」と呼ばれるものを作っています。「会社にいくらの財産が残っているか」を示すものなのですが、この貸借対照表を作ることで会社の「残高」を把握するのです。

これを家計に応用した表が、次ページの「残高表」になります。

ただ、ここでの「残高」とは第1章で見てきた「通帳残高」とは意味合いが少し変わります。単に現金・預金だけでなく、持っている家や車、株式など、あらゆる資産、そして借金をリストアップします。

そうすることで、あなたが本当に持っているお金がどれくらいなのか、ざっくり言えば「純資産（資産総額）」がどれくらいなのか把握できるのです。

この表を毎月作ることで、通帳残高からではわからない本当の残高が見えてきます。

第1章でお伝えしましたように、貯金を増やしていくにはまず自分のすべてのお金の状態を把握しなくてはなりません。

その意味では、残高表を作ることが本当の貯金のスタートだと言えます。

まずは、残高表がそれほど重要なものだということをおさえておいてください。

「残高表」は「資産」「負債」「純資産」という3つのパートに分かれています。

まず左側の列について。

■ 残高表

資産	負債
現金	住宅ローン
預金	自動車ローン
株式	消費者金融
不動産	純資産（残高）
車	
保険返戻金	

この部分を会計の用語では「資産」と言います。現金や預金、株式や不動産など、プラスの価値を持つものがここに来ます。

「現金」。これは今手元にある、いわゆるタンス預金と財布の中身を書いてください。

「預金」。通帳の預金残高を書きます。

「株式」。株を持っている人は持っている株の月末の時価を書きます。最近はインターネット証券が主流ですから、この金額はネット上で1分でチェックできると思います。

「不動産」。これはマイホームや投資用のマンションなどを持っている場合になるのですが、「売却見込み額」を書いてください。理想は不動産屋の無料査定にお願いすることですが、面倒なら「Yahoo! 不動産」などで同じような条件（立地、間取り、築年数）の不動産がいくらで売られているかをチェックすれば3分でわかります。

「車」。これも同じく「売却見込み額」を書きます。インターネットの中古車査定サイトに入力すれば３分です。

最後に忘れがちなのが「保険返戻金」です。私たちが入っている生命保険には解約時にお金が戻ってくるタイプのものがあります。

なので、ここには「もし今解約したらいくら戻ってくるか」を書き込むのです。わからない場合は、保険会社の担当の方に電話かメールで聞いてみてください。

なお、「不動産」「車」「保険返戻金」については金額をその都度見積もるのが面倒だという人もいると思うので、この３つについては年に１回だけでもＯＫです。

今度は右側の列です。

「資産」に対して右側の部分を会計の用語では「負債」と言います。

ここにはひとことで言うと現在抱えている「借金」を書き込んでください。

住宅ローンや自動車ローンを組んでいるなら、返済予定表というものをもらえると思います。契約どおりに返済しているのであれば、この返済予定表の月末残高数値をそのまま書き込むといいでしょう。
　また消費者金融でお金を借りている方も、自動契約機や提携ATMに行けば今の自分の借金残高を知ることができます。

「資産」と「負債」を書き込むことにより、右下のグレーで囲まれた部分「純資産」（＝「残高」）が計算されます。

　これらを毎月記入していってほしいのですが、「残高表」作りのポイントは6つあります。

❶ 月末時点のものを作る

■「資産 − 負債」が純資産（残高）になる

資産	負債
現金	住宅ローン
預金	自動車ローン
株式	消費者金融
不動産	純資産（残高）
車	
保険返戻金	

「残高表」は毎月末作るようにしましょう。我が家でも月末の恒例行事になっていて、月末になると通帳記入し、証券口座を確認し、不動産を見積もります。最初は面倒かもしれませんが、何度かやっているうちに「今月はどうなっているんだろう？」と記録するのが楽しみになります。

大事なのは「月末になったら作る」を習慣にしてしまうことです。

❷ 千円単位または、万円単位でつける

「残高表」の目的はあくまで自分の「残高」の状態をざっくり把握することにあります。そのため、「残高表」を作成するときの金額はざっくりで構いません。

1円単位でつけようとしたら、たとえ月1回の作業でも面倒で続かなくなります。

1ヵ月も続かない方法よりも、1年続く方法を目指しましょう。

3 現金化したらいくらになるのか？ 今全額借金返済したらいくら払うのか？

買った価格ではなく、今現金化したらいくらになるか、売ったらいくらになるかを考えてください。

また借金の額は、当初借りた額ではなく、元本を返済して徐々に減ってきた借金残額を記載するようにしてください。

4 できればエクセル化する

「残高表」は毎月作るものなので、できればご自宅のパソコンにエクセルで作り、入力するだけで合計額や純資産額が出るようにすることが効率化の観点からは望ましいです。

最初は面倒かもしれませんが、この「残高表」の考え方は一生使える知恵なので、作ってしまって一生同じフォームを使いましょう。

もしパソコンをお持ちでない方も、紙で基本フォームを作ってしまって、あとは手書きで書き込むというスタイルでもまったく問題ありません。

とにかく、「楽なように」「続くように」を念頭において自由にすすめてください。

5 純額で考えるクセをつける

この「残高表」を作ることで、お金について何事も「純額」で計算することの大切さを身につけてください。

たとえば、ある女性が2人の男性からプロポーズされたとしましょう。

男性Aはこう言いました。

「私は5億円の豪邸を持っています。私と結婚してください」

男性Bはこう言いました。

「私は5000万円のマイホームを持っています。私と結婚してください」

この場合、女性はどちらの男性と結婚するべきでしょうか？

世の中すべてがお金だとは思いませんが、あくまでもお金だけで判断した場合、女性の取るべき行動は……次の追加の質問をすることです。

「あなた、いくら借金があるの？」

たとえ5億円の豪邸を持っていても、5億円の借金を持っていたらAさんは資産家とは言えません。

また、Aさんより安い5000万円の家を持っているBさんでも、借金がゼロであればなかなかの資産家だと言うことができます。

このように、お金に関する数字は常にその「差額」「純額」を意識するクセをつけてください。

6 時系列にならべてグラフ化する

基礎編の預金残高の推移と同じく、「残高表」のうち「純資産（残高）」の額をグラフ化して、見える形でリビングの壁に貼っておきます。

こうすることで預金残高のときと同じく、自分の純粋な資産が「増えているのか」「減っているのか」が目に見える形で実感できるようになります。

さあ、これで基礎編では現金預金だけだった「残高」が、企業会計と同じレベルまで広がり、なかなか実感しづらい資産や借金も数字で把握できるようになります。
そして、その月次推移が思ったより伸びていかない場合は、その「原因」を探る必要があります。

今日から貯金革命！

その6

「残高表」を毎月末作ろう。
資産……現金・預金・株式・不動産・車・保険返戻金
負債……借金
として、「純額」を知ろう。
これを時系列で並べることで、現金・預金以外も含めたトータルの自分の状態がわかる。

中級編

ステップ2「予算表」を作る

今度は「予算表」です。

残高表は預金通帳からは見えない「純資産」を計算するものでしたが、予算表は預金通帳からは見えてこない「月々の収支」を把握するものです。

これを作ってしまえば、**自分がどれくらいお金をもらっていて、どれくらい使っているのか、そして、それを差し引きすることで月々いくらの貯金ができるか把握できるようになります。**文字どおり月々の予算を決めてくれる表なのです。

次ページにあるのが「予算表」です。

残高表と同じく、この表も3つのパートに分かれています。

まずは左側、会計の世界で「費用」と言われる部分です。**イメージしにくければ**

「支出」と置き換えてもらって構いません。

「家賃」。これは毎月の家賃です。

本来会計の原則では住宅ローンの返済はここには入れないのですが、「予算表」の場合は住宅ローンの返済もここに入れてください。

「保険」。これも毎月決まった金額が保険料として徴収されると思います。

この家賃と保険料が代表的な固定費になります。

「水道光熱通信費」。水道光熱費、携帯電

■ 予算表

費用	収入
家賃（住宅関連）	給料
保険	
水道光熱通信費	残業代
小遣い	副業収入
生活費（食費・日用品・レジャー）	配当
貯金（貯蓄）	家賃

話代、インターネット料金や新聞購読料を次に入れます。

月ごとで大きく変わることはなく、毎月明細が届くので、翌月発生する金額をおおよそ予測することができます。これが、変動費です。

「小遣い」。既婚者の方であれば導入している人が多いと思うのですが、**独身者であっても自分の「小遣い」は定めておくべきです。**

なぜなら、この小遣いこそが最も「支出のタガが外れてしまう」出費だからです。

独身者も家賃や生活費など以外のお金の使い道（タバコ・雑誌・書籍・ギャンブル・外食など）を、まわりの既婚者の小遣いをベースに定めてみましょう。

目安は前月自分が使った金額の約80％。「たぶん5万くらい使ってるから……80％なら4万か」という感じでいいでしょう。

小遣いは何に使ったか、何のために使ったかがあいまいになりやすく、ムダが出やすいので、目標は高めに。まずは20％の削減を目指し、ワクを決めてしまいます。

「生活費」。これは食費・日用品費です。

前述のとおり、「生活費」としてひとくくりにしてしまいましょう（ここにレジャー費も含めてしまってもＯＫです）。

生活費に関しては、３ヵ月分ほど千円単位で記録し「だいたい月々いくらくらい使っているのか」を把握するようにしたほうがいいでしょう。

最悪レシートが残っていなくてもいいので、自分の記憶頼りでも「だいたいいくらくらい」という金額の３ヵ月の平均を割り出し、さらにその80%を設定します。

この小遣いと生活費が、「うっかり費」。つまり予算化する必要がある出費ですね。

次は右側。会計の世界では「収入」と呼びますが、給料や副業、投資で得たお金をリストアップ

■ 家計の出費をとりあえず予算化する

家賃	前月金額をそのまま
保険	前月金額をそのまま
水道光熱費通信費	過去３ヵ月間（明細より）を平均したもの
小遣い	前月金額に 80%を乗じたもの
生活費	過去３ヵ月分の推定金額を平均したものに 80%を乗じたもの

していきます。

収入を分けるときに大切なのは基本給部分と残業代部分を分けること。なぜなら残業代はいつ減ってもおかしくありません。

そのため、給料部分と残業代部分は分けて3ヵ月の傾向を記録してください。

基本給部分が原則大きく変動することはないと思うので、直近3ヵ月の給与明細の残業代を平均すれば簡単に算出できると思います。

あとは副業をしている方、株式投資をして配当収入がある方、過去に買ったマイホームを今は人に貸して家賃収入がある方などはその収入も記録してください。

そうして収入から費用を引いた差額（グレーの部分）がみなさんが1ヵ月で貯めることのできるはず

■ 収入も固定してしまう

給料	前月の給与明細をそのまま
残業代	過去3ヵ月分の金額を平均したもの
副業	過去3ヵ月分の金額を平均したもの
家賃	前月金額をそのまま
配当	去年の配当金額を12で割る

の「目標貯金額」です。

まずはこの「目標貯金額」を達成することを当面の目標にしましょう。厳しめに設定してある「うっかり費」の予算さえ守ることができれば達成可能な目標といえます。

この「予算表」と「残高表」は下の図のような関係にあります。

予算表の「貯金」が増額するほど残高表の「純資産」も増え、「貯金」が減額すれば「純資産」も減ってしまいます。

言うなれば、**予算表とは日々の生活の収支目標で、残高表はそれを達成できたか確認する成績表というイメージです。**

残高表

資産	負債
現金	住宅ローン
預金	自動車ローン
株式	消費者金融
不動産	純資産（残高）
車	
保険返戻金	

予算表

費用	収入
家賃（住宅関連）	給料
保険	
水道光熱通信費	残業代
小遣い	副業収入
生活費（食費・日用品・レジャー）	配当
貯金	家賃

一度この「予算表」を作成してしまえば、あとのチェックは「残高表」のみ。銀行通帳を記帳し、証券口座残高を確認し、インターネットで自分の持っている車や不動産の時価を検索するだけです。

前月末の「純資産」と今月末の「純資産」を比較して、その差額が「予算表」の「貯金」額とおおむね一致していればOKとします。

「予算表」で設定した貯金の金額のように予定通り貯まらない場合のみ、「予算表」の内訳を銀行通帳やカード利用明細から再度チェックするのです。

予算表を作るときのポイントは大まかに3点あります。

❶ 3ヵ月分の記録から来月の予測を立てる

この「予算表」を作ることで、毎月のお金の収支を「固定費化」することができます。

私たちはこの予算表を導入しているため、この先1年で使うお金がおおよそいくらかが把握できています。

そのメリットは何か？　それは、「経済的不安」がなくなることです。

２００９年に私たち夫婦は、ともに勤めていた会計事務所を退職し、今は独立して自分たちで会計事務所を運営しています。

毎月決まった日にお給料をいただける安定した身分から、不安定不定期収入になったので、さぞ不安になるだろうと思っていたのですが、２０１０年になってもお金の不安はほぼありません。

それは、「今年1年間生活するためにいくら使うか」がハッキリと見えているからです。

「1年でこれくらい使うだろう。だったら最悪1年間まったく収入がなくても貯金の範囲で今の生活レベルが維持できるし、月々これくらい稼げたら貯金は減らない」ということが見えるから不安にならないのです。

経済的不安とはつまるところ、将来が「見えない」ことへの不安だと思います。

生活するためには毎月毎年いくら使うか、そしてそのうえでいくら稼いだらいいかがハッキリ見えると経済的不安はなくなります。

まずは3ヵ月間の「ざっくり記録」をつけて、将来のお金の予算を決めることを目指しましょう。

2 千円単位または、万円単位でつける

「残高表」と同じく、千円単位か万円単位でつけましょう。

3 1回作ったら「もう作らない」

ここが重要です。大切なのは1回「予算表」を作り、毎月のお金の収支を完全予算制にしたら、前提に何か大きな変化が起きない限りもう二度と作らないこと。

一度予算制にして、すべての金額を決めてしまえば、あとはその予算に従って粛々と進めるだけ。

事後的なチェックは「残高表」をチェックするだけでOKです。そして、「残高

表」の結果が思わしくない場合だけ、その原因をチェックするのです。

今日から貯金革命!

その7

「予算表」を作ろう。
過去3ヵ月分の平均から来月以降の予算を作成する。
小遣い、生活費は過去3ヵ月の平均の80%で設定する。
うっかり費については予算を守るために財布を分ける。
一度作れば見直す必要なし。
「残高表」の推移に異常があった場合のみ、記録をたどる。

中級編

ステップ3 うっかり費は財布を分ける

ステップ2の「予算表」を作ることができたら、その実行です。

「予算表」も実行できなかったら絵に描いた餅です。

ではどうするか？

私たちは財布を分けるという方法をとっています。

予算を決めたといっても、意思だけではなかなか守れません。そこで、物理的に「ワク」を設けることで強制力を働かせてしまうのです。

まずは、自分の財布があると思います。**夫婦二人の家庭なら、「夫の小遣い財布」**

と「妻の小遣い財布」、そしてそれとは別に「生活費財布」を設けます。

月初に決まった金額をこの財布に入れて、その範囲で生活する（食費・日用品費をまかなう）のです。こうすることで、予算以上のお金を使うことは不可能になります。原始的な方法ですが、まずこの「予算制」に慣れるにはこれが一番の近道です。

ポイントは一気に財布に入れてしまわないこと。

たとえば生活費の予算がひと月「4万円」ならば、最初の週に1万円入れて、2週目にさらに1万円補充する。

残りは自宅の封筒の中に入れておき、1万円ずつ補充するようにしましょう。

人間誰しもお金があれば使ってしまうもの。

とにかく目に入るお金を減らすためにも、財布に入れるのは1万円ずつがおすすめです。

中級編

ステップ4 固定費と変動費を見直す

ここまでのことを実行すれば、毎月ある程度決まった額、つまり「予算表」でいうところの「貯金」の部分が順調に貯まっていくはずです。そして、「残高表」の「純資産」はどんどん増えていくでしょう。

しかし、**「うっかり費」を予算化しただけでは思ったように純資産が増えていかない、またはもっと純資産を増やしたいという場合、「固定費」と「変動費」にもメスを入れる必要があります。**

家賃や保険料といった「固定費」は引っ越しや契約変更など手続きが面倒なのですが、いったん削減することができればその節約効果はずっと続くので、家計に対してかなりのインパクトがあります。

節約術の本にはいつも「固定費の削減」という言葉が入っていますが、私たちがこれを実行できないのは「コスト」と「時間」がかかり面倒だから。

しかし、**いったん節約すると自動的に支出が減るので効果が大きいのもまた固定費なのです。**

「固定費」「変動費」については、たとえば次のような削減手段が考えられます。

家賃に関しては第4章に譲りますが、水道光熱通信費については第1章で述べたとおり今すぐクレジットカード決済にするべきです。公共料金については引き落としやカード決済にすることで、支払い額を少なくするところもありますし、クレジットカードだとポイントも貯まります。

方法は簡単。管轄の電力会社・水道局・ガス会社に電話で「クレジットカード決済にしたいです」と電話するだけで、申し込みの書面が届きます。

電力会社などから見れば、毎月コンビニで振り込まれるよりも、自動的にカード決済されるほうが安定してお金を回収できるのが嬉しいので、喜んで申し込みの書面を送ってくれます。

インターネット料金と携帯電話料金の場合は「プランの見直し」です。

最近は契約のプランが多すぎてよくわからないのですが、窓口に行って「私の利用履歴で一番お得なプラ

■ 固定費、変動費の見直し表

	見直し方法	かかるコスト	かかる時間	効果
家賃	引っ越し	敷金・礼金・引っ越し代などのスイッチングコストがかかる。また今持っている家具がムダになる可能性あり。	家探し、契約、引っ越しで約1ヵ月くらいかかる。	◎
水道光熱通信費	携帯電話プランの見直し インターネット契約の見直し クレジットカード決済へ	なし	10～30分程度	△
保険	契約の見直し（生命保険の担当者に電話する）	将来の保障額が減少する	保険の担当者と話すために1時間程度。他の会社に移るにはさらに1時間程度必要。	○

ンに変更したいです！」とお願いすれば、すんなり変えてもらえます。
たった1回の手間でずっと節約できるので、これらの見直しはぜひやってみてください。

今日から貯金革命！
その8

うっかり費を予算化したら、変動費と固定費を見直そう。まずは変動費のクレジットカード決済やプランの見直し（水道光熱費、携帯電話料金）。次に固定費の変更（引っ越し、インターネット料金のプラン見直し、生命保険の見直し）。面倒くさいが一度やったら効果は何年も続くので、ある意味なまけものでもできる節約。

コラム

「てつのよろい」は買わない ドラクエから知った節約術

私たち夫婦の趣味はマラソンですが、もう一つ共通の趣味があります。それはテレビゲーム。外で走れない日は、自宅にこもって二人で「ドラゴンクエスト」などテレビゲームに興じているのです。

「ドラゴンクエスト」とは、私が小学生のときから今にいたるまで10本も続いている超人気のRPGゲーム。「ドラクエ」という名前でよく知られています。

運命に定められた主人公が仲間を集め、悪の魔王を倒しにいくという単純明快なストーリーなのですが、どんどん強くなる敵と戦うために、主人公はお金を貯めて新しい武器や防具を買い集めます。

私がそのゲームをやっているのを家内が後ろから見ていてひとこと言いました。

それは「どうして『てつのよろい』を買わないのか」ということ。

ドラクエシリーズはストーリーを進めていくといろいろな町に行けるようになるのですが、どの町でも「よろい」が売っていて、新しい町に進むごとに価格は高く、防御力は強くなります。

たとえば、1つ目の町では「かわのよろい」、しばらく進んで2つ目の町では「てつのよろい」、そして3つ目の町では「はがねのよろい」が売っています。

そして主人公は新しいよろいを着ることでより強くなった敵から身を守ることができるのです。

強さと値段を並べると下の表のような感じなの

■ よろいの強さは価格に比例

	価格	強さ
かわのよろい	安い	弱い
てつのよろい	普通	普通
はがねのよろい	高い	強い

ですが、私はこれまで全シリーズにおいて「てつのよろい」を買ったことがありません。

なぜなら、「もったいないから」。

どうせあと一つ町を進んだら、はがねのよろいが売っている。それなら不自由だけどしばらく「かわのよろい」で我慢して、「てつのよろい」を買うお金を貯金して、もっとも強いはがねのよろいを買ったほうがお金にムダがないからです。

ちょっとマニアックな話題で熱くなってしまいましたが、これは何もドラクエに限った話ではありません。

たとえば自動車。むかし、トヨタのキャッチコピーに「いつかはクラウン」というものがありました。

「今はカローラだけど、お給料が上がるに従ってどんどん乗り換えて、いつかはクラウンに乗ろう！」という右肩上がりの日本社会の典型のようなコピーです。

今はトヨタの車種もだいぶ変わっているので、「いつかはレクサス」といったところでしょうか。

最初はカローラからはじまり、会社で管理職になったらクラウン、役員にのぼり詰めたらレクサス、というイメージがわきます。

しかし、「いつかはレクサス」と思っている、つまり人生の最終目標としてレクサスに乗りたいと思っているのならば、本当に途中のクラウンに乗る必要はあるのでしょうか？

本当に「いつかはレクサス」と思っているのならば、最初のカローラに15年乗り、その分貯まったお金でより早くレクサスを買ったほうがいいのではないでしょうか？

「どうして『てつのよろい』を買わないのか」という妻の質問に対して、クラウンを例に出して私のポリシーを説明したら、妻からひとこと。

■ 普通の車は意味がない？

	価格	ステータス
カローラ	安い	低い
クラウン	普通	普通
レクサス	高い	高い

「その冷徹な合理性を実生活でも活かしてほしい」

ゲームではわかっていても実際に生活に落とし込むのは難しいのですけどね。

第3章

上級編
うっかり費の管理をしよう

上級編

「うっかり費」の管理①
生活費に予算をしく

ここからは上級編。家計の問題児「うっかり費」の具体的な管理方法を考えていきたいと思います。繰り返しになりますが、この「うっかり費」については予算制にして固定する必要があります。

食費、日用品費、小遣い、レジャー費、これらを一つずつ見ていきますが、まずは食費と日用品費です。

食費と日用品費を分けて考える本は多いですが、実生活では食料品を買いに行ったスーパーでごみ袋を買ったり洗剤を買ったりすることがほとんどだと思うので、食費と日用品費を「生活費」としてまとめてしまいましょう。

そして、生活費に毎月いくら使っているか直近3ヵ月の費用の平均額を80％にしてください。**「生活費3ヵ月の平均×80％」があなたの生活費予算になります。**

その金額を月末にATMで引き出して、「生活費財布」に入れてしまいます。

生活費については、これだけでOKです。

重要なのは、この予算には「外食」も含めること。

私たちは職場が家から近いため、基本は家食です。執筆やセミナーの準備で大学に行くこともありますが、基本的に弁当持参なので、ほとんど家で賄っています。

そのため今でこそ予算内で収まっていますが、予算制の導入直後は本当に守れない日々が続きました。そしてその原因のほとんどは「外食」でした。

「今日はちょっと疲れたから」とか「おいしいレストランが近所にできたから」とついついかさんでしまうのが外食費なのです。

ただ、いきなり予算を組むのは難しいという場合、自炊中心の人は一人一日600円をベースに、仕事帰りが遅くなるなど、仕事の関係でどうしても自炊が難しい人は一人一日1000円をベースに考えるとわかりやすいと思います。

例）自炊中心のAさん
６００円×30日＝1万８０００円／一人（二人なら3万６０００円）
外食中心のBさん
１０００円×30日＝３万円／一人（二人なら6万円）

スーパーやドラッグストアで食品や日用品を買うときに買い物カゴを持ちながら常に意識するべきなのは、この「一日あたり」という意識。

「予算が月1万８０００円なら、一日あたり６００円で収まったらいいんだな」という「一日あたりの金額」を意識しておくとムダな買い物をすることはなくなります。

慣れてくると「今日は特売のお肉を買いだめしたから明日は買い物なしでいこう」とか、「もうすぐお米が切れそうだから、今週は一日４００円でいこう」という感じで応用が利いてきます。

参考までに、私たち夫婦の生活費は二人で月3万３０００円です。

「これじゃ付き合いの飲み会にも行けないよ！」という方がいるかもしれません。

そういった仕事の付き合いや、儀礼上・立場上どうしても参加する必要のある飲み

今日から貯金革命!

その9

生活費の目安は
一人600円/日（自炊）
一人1000円/日（外食）
この費用には家食だけでなく、
「外食」も含めること。
そして買い物をするときは常
に「一日あたり使っていい額」
を意識すること。

会などの費用については後述の191ページを参照してみてください。

ちなみに、下の表は日本人が毎月食事にどれくらいのお金を使っているか、所得別で割り出したものです。

みなさんの月々の食費はこの「日本人の平均」に収まっていますか？

◉宅配野菜を導入しよう

ところで、食費を強制的に予算化する方法として「宅配野菜」があります。

私たちは月額定額の宅配野菜をとっています。

この宅配野菜に申し込むと、毎週決まっ

■所得別日本人の平均食費（月間）

年収→	～269万円	～393万円	～546万円	～774万円	775万円～
米	1450円	1910円	2084円	2144円	2474円
肉	2515円	3892円	5129円	6082円	7793円
お酒	1637円	2583円	2956円	3541円	3909円
外食	5274円	9165円	11937円	15680円	19509円
総食費	35752円	51021円	60823円	70001円	85316円

た日に野菜と果物とタマゴがどっさり届きます。野菜の種類は自分で選ぶのではなく、宅配野菜の業者が決めます。

そして一回あたりの価格が決まっているため、食費の大半は固定されるのです。

しかも、メリットはそれだけではありません。

・野菜は強制的に届くので、腐らせるわけにはいかず自炊が増える
・自分で買い物に行くとどうしても肉中心になるが、強制的に野菜が摂取できる
・トレーサビリティがしっかりしていて、減農薬野菜
・買い物に行く時間の短縮

などなど。当然スーパーで買うよりは少し割高になりますが、それよりもメリットのほうが大きいので、ずっとこの宅配野菜を活用し続けています。

宅配野菜という仕組みを導入すれば、自動的に、そして知らず知らずのうちに自炊中心の節約体質ができあがってきます。

みなさんも一度宅配野菜を試してみてはいかがですか？

上級編

「うっかり費」の管理②
レジャー費用は積み立てる

ここまで何度か登場してきた「レジャー費」ですが、これは旅行や美術館に行くなど、ちょっとしたレジャーに使うお金です。ただ、毎月旅行には行かないと思うので、レジャー費専用の銀行口座を1つ設けて、毎月一定額を積み立てるのです。

私たちは毎月7000円をレジャー費としているので、「生活費」の3万3000円と合わせると4万円きっかりです。

だから、毎月1回ATMに行く日に4万円をおろし、そのうち7000円を別の口座に預金しています。**これを毎月積み立てると、年額8万4000円になります。**

ちょっとした国内旅行に行くには十分なお金だと思います。ちなみに2009年度、私たち夫婦はこの積立金で清里に旅行に行きました。

もし海外旅行に行きたいという場合、一人あたり月２万円程度を積み立てる必要があります。目安としては、

年に１回国内旅行に行きたい……月３０００円／一人
年に１回海外旅行に行きたい……月２万円／一人

といった感じです。行きたい場所、やりたいことによって目標額は変わってくると思うので、みなさんの状況に応じて金額を変えてみてください。

今日から貯金革命！
その10

レジャー費用は毎月定額を銀行口座に積み立てること。毎月積み立てることで目標が明確になり、節約が進む。

下の表は日本人がレジャーにどれくらいのお金を使っているか、所得別の平均値です。

私たちは夫婦で月7000円、年8万4000円なので、かなり低めになっています。

これは、二人のレジャーが「走ること」と「テレビゲーム」だから。

週に1回二人で競いあって走っていますが、走ることにはお金がかかりません。またテレビゲームも5000円のソフトを年に3本程度買うだけなので、年1万5000円程度。

まわりからは「スポーツマンなのか、ただのオタクなのかわからない」と言われていますが、お金がかからない趣味を持っているのはつくづくオトクだなと思っています。

■ 所得別の平均レジャー費用（月間）

年収→	～269万円	～393万円	～546万円	～774万円	775万円～
娯楽	13691円	20916円	26450円	35263円	45477円

■ 所得別の平均レジャー費用（年間）

年収→	～269万円	～393万円	～546万円	～774万円	775万円～
娯楽	164292円	250992円	317400円	423156円	545724円

上級編

「うっかり費」の管理③
小遣いを守る

最後に小遣いですが、小遣いについて問題になるのがその額。

世の中の平均はというと、20代が４万５６００円、30代が４万７３００円、40代が４万３２００円だそうです（２００９年、新生フィナンシャル調べ）。

この平均金額も踏まえて私が提唱したい小遣いは月３万円です。

どうして３万円なのかというと、毎月の「一日あたり小遣い」が把握しやすくなるからです。

３万円　÷　30日と考えて、一日１０００円。

これを意識づけし、強制するために実際に家を出るときは財布の中身を千円札１枚だけにしてしまいます。

そして最大のポイントは、**毎日帰宅したときに余った小銭をすべて貯金箱に入れてしまうことです。**

そうすることで小遣い帳をつける必要もなく、自動的に規則正しく予算を達成することができます。

たとえお金を使わなかった日も強制的に1000円使ったことにして、残った分は貯金箱へ。

貯まったものは半年に1回くらい銀行に持って行き、レジャー口座にプールします。

人間「もう使ってしまったもの」と思っているものが返ってきたときは嬉しいものです。

一日あたりの予算1000円のうち、毎日平均750円使い続けたとしたら、30日で貯金箱に貯まるお金は、「250円 × 30日 = 7500円」。

職場の人と2回くらい飲みに行くお金は貯まりそう

■「うっかり費」管理の方法

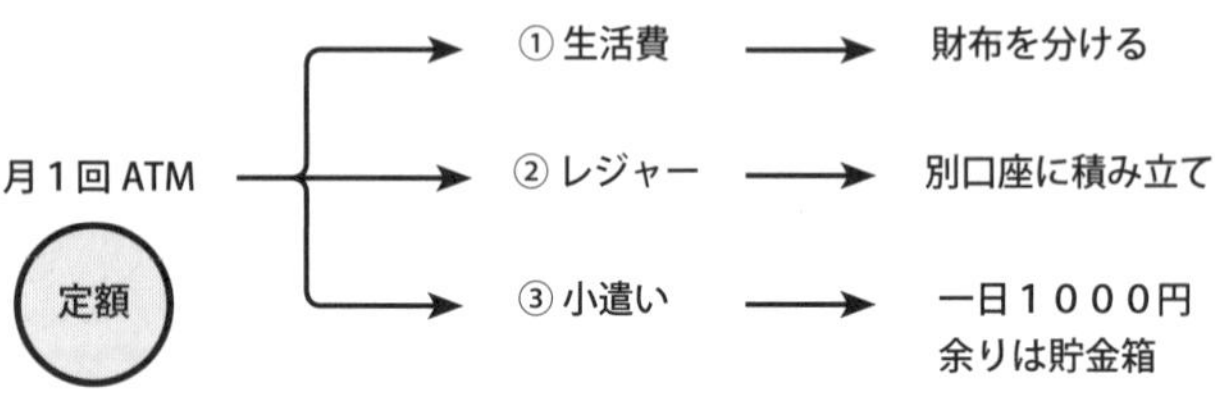

ですし、これを半年続けると4万5000円、リッチな国内旅行に行けそうです。一日1000円ルール。一度試してみてはいかがでしょうか？

今日から貯金革命！

その11

小遣いは節約上もっとも危険なうっかり費用。少し気を抜いたら膨大な出費になる。
食費・日用品費と同じく「一日あたり使っていい金額」を常に意識して生活すること。
そして残った小銭は毎日貯金箱に入れてしまう。

上級編

「うっかり費」の管理④ レシートボックスを作る

小遣いや食費を固定したところで、当然守れない（ATMで余計にお金を引き出してしまう）月も出てくるでしょう。急な飲み会があった場合や、月の最初にスーパーでたくさん食品を買ってしまった場合、お鍋や包丁を買い替えたなど出費がかさんだ場合です。

家計の管理で一番問題になるのは、そうした「予算外」の出費です。

そのため、月末の残高表で異常（思うように伸びないなど）を発見したら、レシートを見て原因を考える必要があります。

そこで用意してもらいたいのが、「レシートボックス」の作成です。

作成といっても、用意するのは箱1つ。週に1回、財布の中のレシートをゴザーッとボックスの中に入れるだけです。集計したり分類する必要は一切なし。

順調に残高が貯まり続けていたら、レシートボックスの中身はそのままゴミ箱へ。異常があった場合は、問題が何だったのかレシートを見て探ります。

そして、調査結果を通帳に書き込む！　このステップを踏むようにしましょう。予算を守れなかったときに大切なのは、「どうして予算が守れなかったか」を月末にハッキリさせておくこと。

その理由を知り反省することで、翌月の対策を立てることが重要になるのです。自動販売機や駅の切符といった支出はレシートが出ないかもしれませんが、外食や大きな日用品の購入など、かさみがちな出費には必ずレシートが出るものです。

いちいちレシートをもらって手帳に貼りつけて……といったことは必要ないので、とりあえずもらったレシートも1週間は財布の中に入れておき、ボックスに放り込む習慣をつけてみましょう。

今日から貯金革命！

その12

レシートは週に1回、レシートボックスに放り込む。残高表の推移に異常があればレシートをチェックし、ATMで引き出してしまった理由を通帳に書き込む。異常がなければそのままゴミ箱へ。

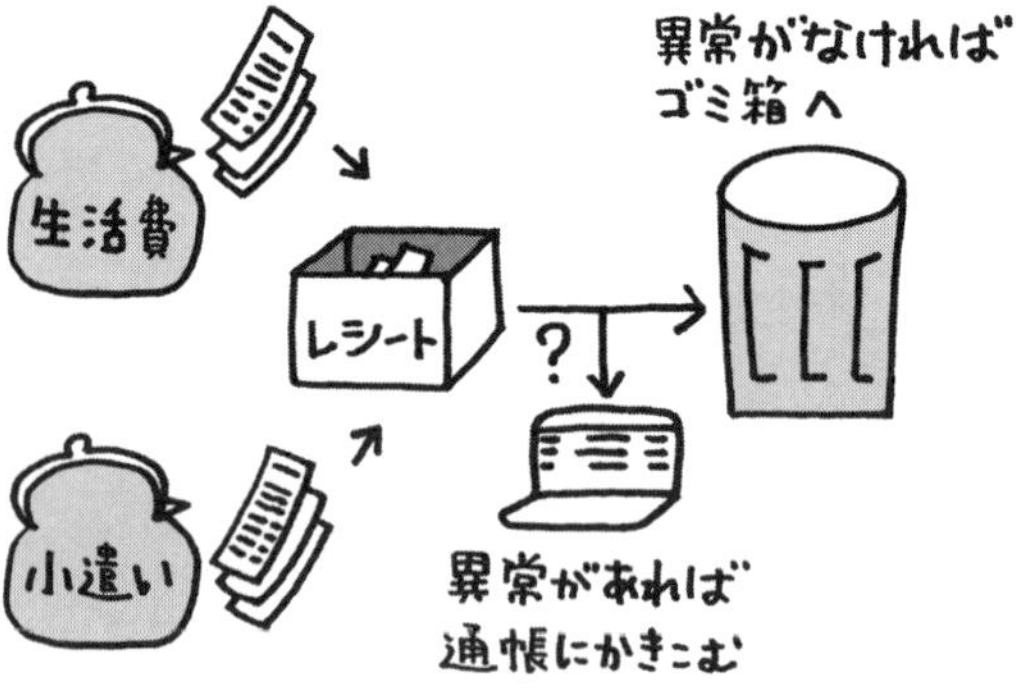

コラム

食費が劇的に減った月

まだ正月気分の抜けきらない2010年の1月4日、私たち夫婦は二人でいつも利用している近所のスーパーマーケットに足を運びました。

するとシャッターが閉まってる。

「なんだまだ正月休みなのか」と思ってその日はスタコラ退散。

翌日スーパーに行くと、まだ閉まってる。

不思議に思ってシャッターの近くまで行くと、「長年のご愛顧ありがとうございました。2009年12月31日をもって閉店いたします」。

なに！　せっかく家から徒歩2分で24時間営業、しかも値段の比較的リーズナブルなスーパーなのに。レジのおばちゃんにも覚えてもらって「いつもありがとう！」って声かけてもらっていたのに。

残念でしたが、食料を買わないわけにもいかず、その日から私たちは仕方なく徒歩8分程度の別のスーパーに通うことにしました。

そして2010年最初の家計決算の日、驚くべきことが起こりました。生活費予算が大きく余っていたのです。いろいろ原因を考えてみたのですが、何も浮かばない。しかも食事の満足度が下がった実感もない。

考えられる原因は「スーパーが遠くなったこと」だけでした。

私たちは徒歩2分の場所に24時間営業のスーパーがあったため、夜中に小腹がすくとついつい買い物に行き、ムダな出費をしていたのでした。

スーパーが遠くなったことで買い物は週に2～3回しか行かなくなり、おかげで余計な買い物がなくなったのです。しかも食事の満足度はまったく変化なし。

よく家を選ぶときに物件情報で「スーパーまで徒歩1分！」みたいな宣伝文句がありますが、近すぎるスーパーは節約の敵なのかもしれませんね。

スーパーやコンビニなどの「ついつい」お金を落としてしまうスポットは、実は「徒歩5分以上10分以内」がベストなのかもしれません。

第4章

だれでもできる衣食住の再チェック

「衣」の見直しは棚卸しからはじめる

さて、ここまでお金の管理方法と仕組みについて述べてきました。貯金の骨組みはこれまでの方法を実践してくれればもう完璧です。

なので、この第4章では日常欠かせない「衣・食・住」の中に潜むムダを見直し、節約していく方法を紹介していきます。

まずは「衣」、その名のとおり衣服に関する支出です。

かつて、私の家のクローゼットは服で一杯でした。ワイシャツを洗濯してクローゼットに戻すときにいつもその置き場の確保に困っていました。

結構大きめのクローゼットが2つあるのですが、それでは夫婦二人分の服を収納することができず、衣装掛けを1つ購入してスーツやコートをかけ、さらにはカーテンレールにまで服をかける始末。

「どうしてこんなに服が多いのだろう？」と疑問に思ったものです。

そのとき実行したのが服の棚卸し。一度持っている服を整理して、自分の服の枚数を数えてみたのです。

すると、いろいろな問題点が出てきました。

一番最初にやり玉に挙がったのが仕事で着るワイシャツです。

枚数をカウントしてみると16枚でした。仕事をしている男性社会人なら普通のレベルだと思うのですが、それを「よく着ているもの」と「ほとんど着ないもの」に分類してみると、着るものは7枚。着ないものは9枚。

半分以上はほとんど着ていないものだったのです。

どうしてこんなことになってしまったのか？

そこで、この9枚のワイシャツをどうして着ないのか考えてみました。

その理由は次のとおりです。

❶アイロンを当てるのが面倒（つまり形態安定ではない）……4枚

私は独身時代からアイロンを当てるのが大嫌いで、しかもクリーニングに出すのも面倒と思う人間だったので、ワイシャツはほとんどがアイロン要らずの形態安定タイプでした。

ただし、たまに「これ格好いいなあ」と思える形態安定でないワイシャツがあった場合には買ったりもしていました。

その「デザインは気に入っているけれど、アイロン当てるのが面倒」というものがこれにあたります。

❷色やデザイン的にネクタイやスーツを合わせにくい……3枚

意外に多かったのがこれでした。ワイシャツ自体は気に入ったものの、スーツには合わなかったり、合わせるネクタイがなかったりで、いつの間にか着なくなったものです。

❸古い……1枚

単純に古くて、近くでよく見ると袖が擦り切れかけているようなものです。

❹デザインがダサい……1枚

ずいぶん昔に安かったので買ってはみたものの、安かろう悪かろうでデザインが気に入らないために、まったく着なくなったものです。

これら原因を把握したあと、私は即座に対応をとりました。

今後も着る機会はあまりなさそうなので❶は別の場所に移動、❷は半分捨て、絶対着ない❸と❹は即捨ててしまったのです。

こうすることで、当初の16枚は12枚に減りました。さらに別の場所に保管した4枚を差し引くとタンスの中身は8枚と半減しました。

私たちはいかに要らない服を持っているかということを実感した出来事です。

このように、服の管理はおざなりになりがちです。

まずはタンスの棚卸しからはじめてみましょう。

今日から貯金革命！

その13

年に2回、季節の変わり目には服の棚卸しをする。

枚数をカウントして着ないものをピックアップ。

「着ない理由」を考える。

着ない理由はだいたい次の4つ。

①洗濯できない、面倒

②他の服と合わない

③古い

④デザインがダサい

＊①はどうせ着る回数は少ないので別場所に保管。

②はどうせこの先も着ないし、追加で服がほしくなるので50％捨てる。

③と④は間違いなく今後も着ないので即座に捨てる。

「衣」を節約する①
トータルコストでお買い物

私たち夫婦はものを買うときに「トータルコスト」で考えるようにしています。

これは簡単に言うと、

❶それはいくらなのか
❷それにはどれくらい追加コストがかかるのか
❸それは何年使えるのか
❹それはいくらで売れるのか

という4つの視点を、ものを買うときすべてに導入しようというものです。

通常私たちが買い物をするとき、見るのは「❶それはいくらか」ばかりです。

でも、大切なのはそれに❷〜❹を加えた「トータルコスト」なのです。

この考え方は服でも同じです。

「❷追加コスト」「❸何年使えるか」「❹いくらで売れるのか」を考慮しないとなりません。


ただし服の場合、なかなか売ることができません。

最近は古着の買い取りをやっているスーツ店やフリーマーケットもありますが、それで得られるお金は微々たるものですし、またフリーマーケットは本当に売れるかどうかわかりません。

そのため、ここでは❹を除外し、「それにはいくらの追加コストがかかるのか」「それは何年使えるのか」という2点について考えてみたいと思います。

「衣」を節約する②
服の追加コストとは？

いきなり追加コストと言われてもわかりにくいかもしれませんが、車でいえば、車体価格以外の支出のことです。たとえば自動車税、車検費用、ガソリン代、駐車場代、保険料がこれにあたります。

車を持つことでかかるお金、「維持費」といってもいいかもしれません。

では、服の追加コストとは何でしょうか？

追加コスト❶ クリーニング代

基本的に、服は何度も洗って着るものです。家で洗濯できるものであればほとんど関係ありませんが、家で洗濯できない服は、クリーニング代がかかってきます。

ワイシャツ1枚でだいたい150〜200円くらい。

スーツやジャケットなどでは1着だいたい400〜600円くらいします。

コートにいたっては1着1000円程度のクリーニング代がかかってしまいます。

一つあたりの料金は小さいのですが、これらがまとまってくる季節の変わり目は私たち夫婦にとっても恐怖の時期です。

私の服だけでも、

スーツ4着　400円×4×2（上下のため）＝3200円
コート3着　1000円×3＝3000円（仕事用、プライベート用込み）
ジャケット3着　500円×3＝1500円
パンツ3着　400円×3＝1200円
マフラー2本　400円×2＝800円

セーター2着　600円×2=1200円

といったところでしょうか。

まだまだありますが、この時点ですでに1万円を超えています。こまごましたものを含めると1万5000円くらいにはなるでしょう。これが夫婦2人だと約3万円といったところ。

5万円のコートを買ったら、支払うお金はそれだけではないのです。5万円のコートを買ったために、それから毎年1000円があなたの財布から出ていくのです。

ワイシャツだともっとすごいことになります。5000円のワイシャツを買い、週に1回着ているとすると、1年で約50回着ることになります。

クリーニング代が1回200円かかるとしたら、200円×50回でその金額1万円。新しいワイシャツが2枚買えてしまいます。

「そんなの家で洗ってアイロンかければいいじゃないか」と思うかもしれませんが、人は一度楽をしてしまうとなかなか戻れません。

せっかくリーズナブルな価格のワイシャツを買っても、追加コストでたくさんお金を取られていては意味がありません。

さらに一番痛いのは、もはや家では絶対に洗えないようなマニアックな素材の服です。

このような素材の場合、おしゃれ着用の洗剤などを使ったとしても家で洗うことは不可能ですから、もう持っているだけで強制的に財布からお金が抜き取られる服だと言えます。

服を買うときは常にその服のクリーニング

■ クリーニング費用はバカにならない

	①それはいくら？	②年間追加コスト	合計 ＝本当の値段
コート	50000円	1000円	51000円
ワイシャツ （クリーニングの場合）	5000円	10000円	15000円
ワイシャツ （形態安定）	5000円	ほぼ0円	5000円

費用も意識しましょう。

下手をしたら、服の値段以上のクリーニング代を払う羽目になるかもしれません。

追加コスト❷ コーディネート代

服にかかる追加コストその2は、コーディネートにかかる費用です。

ある女性が、ショーウインドウの前を通りかかったときのこと。

「これほしい！」というバッグに出合いました。

赤色で少し派手な模様の入ったデザインですが、センスはとてもいい。

これを持って街を歩いたら目を引きそうです。

その女性は衝動買いなどせず、しっかりお金のことを考える人だったので、

「よし、3ヵ月間節約して、目標達成できたらこれを買おう！」と考えました。

そして3ヵ月後、見事彼女は目標を達成し、そのご褒美としてバッグを手に入れたのです。

……しかし。

そんな派手なデザインなので、それと合う洋服が家にないことに気づきました。

せっかく我慢して買ったバッグ。このまま使わないわけにもいかず、仕方なくバッグに合わせるための服を買いに行くことになってしまったのでした……。

こうした経験、特に女性の方なら一度や二度はあるのではないでしょうか？

私がワイシャツの棚卸しで発見した、「他の服と合わない」というのがその典型です。

変わった色のワイシャツを買ったものの、合わせるネクタイがないために新しいネクタイを買いに行くということもよくあります。

服を買う場合は、どんなに気に入ったものでも、「これを買うことで他のものが必要にならないか」ということを常に意識してください。

少し難しく言うと「この服は単独でも機能を発揮できるか」ということです。

コーディネートにかかるコストにも十分気をつけてください。

追加コスト❸ 家賃

実はもう一つ、服には追加コストがかかっているのです。

それは家賃。

引っ越しで家を選ぶときに、間取り図を見ながら「ここはちょっと収納が少ないなぁ」なんて、その物件をパスしたことはありませんか？

ひょっとして、みなさんが今住んでいる家に決めた理由の一つに「収納が多い」というのがあるかもしれません。

でもそれは逆に考えると「服さえ少なければ、あと少しだけ家賃の安いところに住めたのではないか？」と考えることもできそうです。

たとえば、収納が充実しているタイプと収納が少ないタイプで家賃が３０００円違ったとします。

たった３０００円ですが、１年にすると３万６０００円。

5年住んだら18万円です。

服さえ少なければ5年間で18万円節約できたのです。夫婦でちょっと贅沢な国内旅行ができる金額です。

しかもその服、よくよく調べて棚卸ししてみると、実は半分以上は着ない服だったとしたらどうでしょうか?

当然、とても損した気分になりますよね。

服を買うことで家賃がどんどん高くなる、逆にいうと、家のいらない服を減らすことで、同じ広さでも家が広く感じるようになり、「体感家賃」が下がるという視点を持つようにしてください。

「衣」を節約する③着る回数で考える

今度は、「❸何年使えるか」という時間の視点を加えて考えてみたいと思います。

ただ、服の場合は毎日使うものではないし、また仕事着とプライベートの服で使う頻度も違うので、ここでは「何年使うか」ではなく「何回使うか」という点に注目したいと思います。

私たち夫婦はお金の本を執筆して以来、株式投資や不動産投資のセミナーなどの講師を務めさせていただくようになりました。どうも「節約を頑張ってる夫婦」みたいなイメージができあがっているようで、よく「どんなものが贅沢品か？」という質問を受けます。言い方を変えると「どんなものなら買ってもいいか？」ということです。

私はこの質問を受けたらいつもこう答えています。

「自分が本当に心の底から好きで夢にまで出てくるものであれば、何でも買っていいと思います」

私で言えばテレビゲームでしょうか。仕事で疲れたり、大変なことがあったりしても家に帰って寝そべってゲームをしていると疲れが吹き飛ぶのです。

なので、心の底からヴィトンが好きで、ヴィトンのバッグを買うためなら残業も節約も苦しくなくなり、ヴィトンのバッグを身につけるだけでウキウキして自然に笑みがこぼれる……という人であれば、私はヴィトンのバッグを買うべきだと思います。

「心の底から好きかどうか」というのは、「何回使うか」に非常に大きな影響を与えます。単純な話で、好きなものなら毎日使いたくなるからです。そして逆に、好きでないものは敬遠しがちです。

ある日、私がスーツを着て仕事に行こうとすると、家内から「そのスーツ、本当に似合わないね」と言われてしまいました。

実はそのスーツ、「安くしておくから」と知人に言われ、付き合いで買った30％オフのスーツなのですが、どうしてもデザインが気に入らない。朝仕事に行く前、そのスーツを着て鏡の前に立ってもテンションが上がらないのです。

そんなスーツなのでもともとあまり着なかったのですが、この家内のひとこと以降、着る機会はますます減りました。

このスーツは30％オフで4万円。おそらく年に10回くらいしか着ていません。仮に3年着ているとしたら、今まで30回着ていることになります。

4万円 ÷ 30回＝約1333円

これがたとえば5万円のスーツでも、好きなデザインであれば着る頻度は年に20回くらいに上がるかもしれません。その場合、3年だと60回になるので、

5万円 ÷ 60回＝約833円

2倍とまではいきませんが、**一回あたりのコストは5万円のスーツのほうが断然お**

得になります。しかも、お気に入りであればテンションもなんとなく上がります。

特に毎日着る仕事着は、多少値が張っても好きなものを買いたいですね。

今日から貯金革命!

その14

服選びの条件

①自立性…クリーニングやメンテナンスの必要がないか?

②汎用性…コーディネートしやすいか?

無地の「シンプルだが品のある服」を選んだほうが汎用性は高まる

③必要性…本当に心の底からこの服が好きか?

何回着るか?

こう考えると、３つの条件のうち①と②の条件を完全に満たしている「ユニクロ」って偉大なビジネスだなぁと思います。価格も安いのですが、そのあとの追加コストも小さく収まる服なので、あれだけ人気があるのでしょうね。

あとは条件③、ユニクロを本当に心の底から好きになれるかどうかという点がユニクロを愛用する人とそうでない人の差だと思います。

ちなみに我が家は夫婦そろって愛用派。だってあのCM格好いいじゃないですか。「あんな感じで着られたら格好いいなあ」と思わせるユニクロの戦略勝ちですね。

◉コンプレックスは服では埋まらない

以前、私のクライアントに非常にオシャレなAさんという方がいました。

格好いいスーツとシャツで、着こなしもスッキリ。いつも「格好いいなあ」と思っていたので、ある日雑談になったときに思い切って聞いてみました。

「いつもステキなシャツですね。どちらで買われたんですか？」

でもAさんの答えは、

「通販で2000円です」

ものすごくオシャレで格好よく見えたので、さぞいいお店で高いものを買っているんだろうと勝手に思い込んでいたので、この答えには驚きでした。

私はそのとき気づきました。


Aさんは説明や質問が的確で、対応も親切。本当に仕事のできる人でした。

そして何よりスタイルがいい。フルマラソンを4時間で走るだけあって、体が逆三角形で肌もツヤツヤしています。

結局、私はAさんの仕事やスタイルを見て「格好いい」と思ったのに、それを「服装によるものだ」と錯覚していたのです。

つまり服装ではなく中身が優れていたら、たとえ2000円で買った通販のシャツでも格好よく見えるのです。


この原稿は母校の大学の図書館で書いているのですが、まわりを見ると本当にオシャレな大学生がたくさんいます。

会計士として社会に出て10年近く働いている私でも買えないようなブランド服を着ている学生がたくさんいます。

私も同じように若い頃はオシャレな服がほしくて仕方なかったのですが、32歳になった今ではあまり服がほしいと思いません。同じ人間なのにどうしてこんなに心境の変化が生じたのかと自問自答してみました。

そこで私なりに出した結論は、衣料品・洋服にかけるお金というのは自分が感じている「現実と理想のギャップ」ではないかと思うのです。

たとえば、現状はあまりよくないものの、本当はもう少し、もっと上にいけるハズだと思っている人。

また今の自分の状況はまわりから見れば十分成功している部類に入るけれど、自分では「まだまだ」と思っている人。

そうしたギャップを穴埋めしたくて、服にお金をつぎ込むのだと思います。

学生時代の私は、会計士試験に挑戦するものの、うまく合格できずに悩んでいるこ

とが多かったです。そして、「今の状況は悪いが、理想の自分はこうありたい」といつも思っていたのです。それで高い服に目がいっていたのだと思います。

そのあと会計士試験に合格し、仕事にガリガリのめり込んでいるうちに、服に対する関心はどんどん薄れていきました。

今ではすっかり服を買わなくなり、私服のほとんどは10年以上着ているものばかりです。

昔の私には何かコンプレックスのようなものがあったのだと思います。

そして、早く合格してガリガリ仕事をしたい自分と、なかなか試験に受からない自分というギャップを埋めるために、いろいろ服を買っていたのだと思います。

ついつい買ってしまう衣料費を抑える大きな方法の一つは、「仕事を頑張る」ことです。

仕事を頑張ることで、現実の自分と理想の自分のギャップが埋まり、オシャレな服を買うことでそのギャップを埋めたいと思うことはなくなるのだと思います。

今日から貯金革命!

その15

衣料費を減らす方法の一つは「仕事を頑張る」こと。そうすることで現実と理想のギャップが埋まり、服によりコンプレックスを穴埋めすることがなくなる。長期的には収入も増えるかも?

「衣」を節約する④ 服よりも中身を変える

Aさんはもうひとつ、「衣」を節約する方法を教えてくれました。

そう、「スタイル」です。

メタボな体型で高級ブランド服に包まれているよりも、引き締まった体型でユニクロの服を着ていたほうが当然格好いいはずです。

両方そろっていると一番なのかもしれませんが、やはり引き締まった体を維持することは、高くない服でも格好よく見せられる秘訣だと言えます。

先ほども述べましたが、服を買って一番損なことは服を着る回数が少なくなることです。

服を着る機会がなくなる原因の一つが「太ること」です。

もっと直接的に言うと「太ることで服を着られなくなること」です。

私が10年前に買った私服を、今でも休日のプライベートの服として着られるのは、学生時代と変わらないスタイルを維持し続けているからです。

正直30歳を超えれば、人間放っておくと太ってきます。

だから、いつも自宅近くの二条城のまわりを走って同じ服を着続ける努力をしています。

同じ服を着続けることができれば、服の「一日あたりのコスト」は下がり続けるのです。

■ 着れば着るほどコスト削減

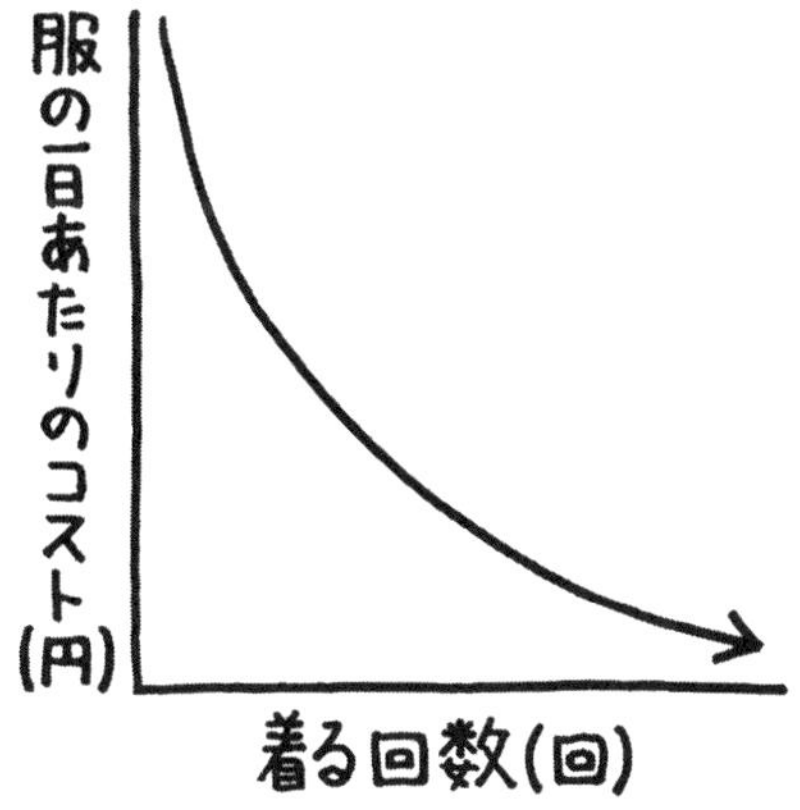

適度な運動をして健康になることで病院で診察を受けることもなくなります。服が似合う、服がいつまでも着られる、健康になる。いいことずくめなので、みなさんも「衣」の節約のためにジョギングをはじめてみてはいかがでしょうか？

今日から貯金革命！
その16

スリムな体型を維持すれば、どんな服も似合う。服がいつまでも着られる、健康になる。お酒を控える、油ものを食べすぎない、運動する。何でもいいので、とにかくやってみよう。

「衣」を節約する⑤何のための買い物か考える

最後は少しだけ女性向けの「衣」の話を。

以前、家内が自分のタンスの服を並べて「どの服がいいと思う？」と聞いてきたことがありました。

私が数着選んだら、すぐに家内が爆笑。

その理由を尋ねたら、私の選んだ服が「すべてユニクロだったから」なのだそうです。

「婚活」という言葉が一昔前に流行りました。合コンに行ったり、友達に異性を紹介してもらったり、結婚相談所に登録したりと、文字どおり結婚するための活動です。

女性誌にはよく、この「婚活」のためにバリッとキレイに「衣」をコーディネートするべきと書いてあります。

しかし私は、こうしたいわゆる「自分磨き特集」に疑問を抱きます。

「果たして、それで本当に男は寄ってくるのか？」ということ。

たしかに一部には全身ブランド物で身を包んだ女性が好きだという人もいますが、小倉千加子さんの名著『結婚の条件』（朝日新聞社）によると、最近の男子学生が結婚相手に求める条件の一つが「お金遣いが荒くない」ことだとか。

不況の影響と言えばそれまでですが、この傾向を考えたとき、「見せる相手」が男性ならば、いわゆる「自分磨き」はマイナス効果ではないかと思うのです。

そもそも、一目で服の値段がわかる人はいません。

それは化粧品でも同じ。女性から見たら化粧品はメーカーによって違うかもしれませんが、男性から見ればどれも「石油からできたパウダー」です。

いや、ひょっとしたら女性同士でも化粧品のケースを確認してブランドを見せ合う機会などないかもしれません。

資生堂の決算書を見ると、化粧品の原価率は約25％。つまり1万円の化粧品を作るのにかかるお金（原価）は２５００円ということ。

なぜこんなに利益をとるのか？

それは広告宣伝費がかかるからです。同じ化粧品1個に使われている広告宣伝費も約２５００円。女優さんへの報酬や、ＣＭやポスターの作成費用になります。

■ 価格の25%は広告宣伝費

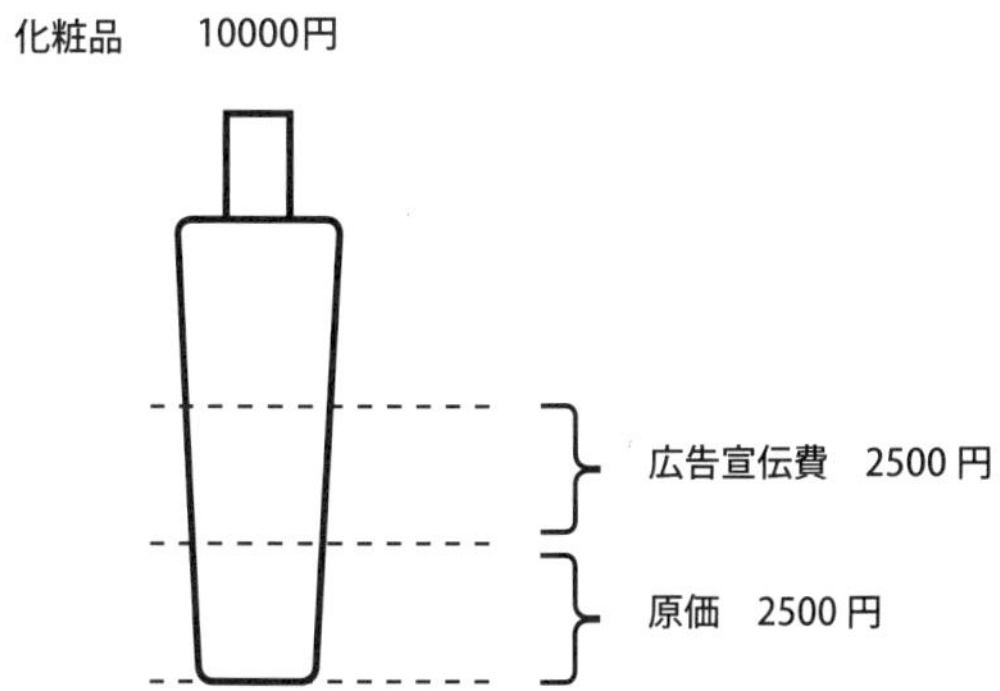

それが良い悪いという話ではなく、だれのための買い物なのか、だれに見せているのか？　という視点に立って考えてみてほしいのです。
男性はおろか女性からも「広告宣伝費」は見えないのです。

今日から貯金革命！

その17

物を買うときは、そのものの「原価」はいくらなのかを考えるようにしよう。
そして、「何のために買うのか」をよ～く考える。
服なら、自分のため？　だれかに見せるため？

「食」を節約する①節約の仕組みを作る

では今度は、「食」についても「衣」と同様、トータルコストの考え方で節約の方法を探ってみたいと思います。

おさらいすると、トータルコストは、

❶それはいくらなのか
❷それにはどれくらい追加コストがかかるのか
❸それは何年使えるのか
❹それはいくらで売れるのか

です。このうち、食についても「衣」と同様❷と❸があてはまります。

◉食の追加コストとは何か

では具体的に、食料品の「追加コスト」とは何か？　考えられるのは、

・保存するための冷蔵庫代（電気代、維持費、買い換え費用など）
・ジャガイモを買ったら、カレーを作りたくなって人参と肉が必要に……

といったところが追加コストにあたると思います。

しかし、節約を考えるあまり食材選びにまで制約が介入してしまうと、毎日の食事が楽しくなくなってしまいます。

それで明日から仕事や家事を頑張れなくなったら本末転倒ですね。

ですから、本書では前者の「冷蔵庫」について考えたいと思います。

ただし、

・冷蔵庫を開けるのは3秒まで！
・頻繁に開け閉めしない
・冷気を逃がさないようにビニールのカーテンをつける

こういった細かい節約術はすでに他の節約本で書いてありますし、こういったことをすること自体面倒な方もいると思うので、ここでは電気代ではなく、食費と冷蔵庫の関係に絞って、勝手に節約できる仕組みを考えてみたいと思います。

◉器を小さく持つ

「器を小さく持つ」。いきなりそう言われても意味がわからないかもしれませんが、食費と冷蔵庫の関係を考えていたらこの言葉に思い至ったのです。

私は昔京都に住んでいたのですが、実家のある滋賀県とは近く、月に1回くらい実家に顔を見せます。

そこで、以前は気にならなかったのですが、帰るたびに驚くのが冷蔵庫の中の食品の多さです。

巨大な冷蔵庫なのに空きスペースなどどこにもなく、肉やら魚やら野菜やら納豆やらヨーグルトやらがぎっしり一杯。本当にこんなに食べられるの？　と疑問に思ってしまいます。

食べざかりの10代の子供3人を養うというならあの量は納得なのですが、兄も私も巣立ち、実家は両親と妹の3人暮らし。

しかも実家には2階にも冷蔵庫があり、その冷蔵庫も食料品で一杯です。

ある日実家に帰ったときに冷蔵庫のヨーグルトを食べようと思ったら、賞味期限切れ。母に聞いたら「買っても賞味期限切れになるものがある」とのことでした。

そこで気づいたのは、冷蔵庫は食料品だけでなく「食費の器」だということです。

いったん大きな冷蔵庫を買ってしまうと、「食費の器」が大きくなり、何でも入るのでたくさん食料品を買ってポイポイ放り込んでしまう。

そして、食べられる量以上に増えた食料品は賞味期限切れになったり、最悪の場合腐って食べられなくなってしまいます。

そんなこともあり、私たちは結婚したあとも私が独身時代に使っていた一人暮らし用の冷蔵庫を使っています。

２人分なら不自由を感じたことはありませんし、何より余分なものを買わなくなるので、食品を腐らせたことがありません。

もちろん、今ある冷蔵庫をあえて小さいものに買い替える必要はありませんが、たとえば結婚を控えていて新しい冷蔵庫を買おうとしている方は、今の一人暮らし用の冷蔵庫をしばらく使ってみてはいかがでしょうか？

おそらく何も不自由はないし、そのあとのムダな食費が抑えられます。

小さな冷蔵庫を使うという行為は、それだけで節約の「仕組み作り」をしていることになるのです。

今日から貯金革命!

その18

冷蔵庫は「食費の器」。「大きいと便利」なのは確かだが、「大きいとムダな買い物をしてしまう」のもまた真理。人間はスペースがあれば埋めたくなるもの。自分が「いい!」と思ったものよりワンサイズ小さい冷蔵庫にしてみよう。消費電力も少ないしね。

「食」を節約する②
お金のかけどころを吟味する

次は時間の観点から食費を考えます。

食料品は衣料品と違い、何度も使えるものではありません。食べたら食べただけ確実に減るものです。

ある食料品について「それは何年使えるか？」と分析しても意味がないので、逆に積み上げて「1年でいくらになるか？」という観点から考えてみたいと思います。

たとえば、1杯370円のスターバックスラテをランチのあと必ず飲むとすると、1年間ではいくらになるでしょうか？　年250日仕事をしているとしても、

370円×250日＝9万2500円

では、比較対象として日本人の主食お米を引き合いに出しましょう。

一人ひと月3キロ食べるとします。通常お米はスーパーなどで5キロ1500〜2200円程度で売っているので、2000円としましょう。

すると1キロあたりの値段は2000円÷5キロ＝400円となります。

ということは、一人がひと月で食べるお米の値段は、

月あたり……400円／キロ×3キロ＝1200円
年あたり……1200円×12ヵ月＝1万4400円

お米は1年間に換算すると、1万5000円弱。対して、スターバックスのラテは年間9万円以上となり、なんと約6・4倍にもなるのです。

一方ビールはどうでしょう。どんなに遅く帰ってきても缶ビールで一杯晩酌したい

という方は多いと思います。このビールは1年でいくらになるのか？

今はビールの他、発泡酒、第三のビールなどいろいろあり、価格もまとめ買いしたら安くなるなどありますが、ここでは缶ビール1本200円、発泡酒や第三のビール1本120円と仮定します。一日1本必ず飲む人だと、

ビール　　　200円×365日＝7万3000円
発泡酒など　120円×365日＝4万3800円

一日1本のビールで、お米の約5倍の出費をしていることになります。では、タバコを一日1箱吸う人の場合はといえば、

「300円×365日＝10万9500円」にもなり、お米の約7・6倍です。

結局何が言いたいかというと、依存性のある「嗜好品」は毎日食べるお米より、家計に与えるインパクトが大きいということなのです。

ですから、スーパーに行って**「コシヒカリは高いから、あきたこまちにしよう」と**

か「夕方5時から鮮魚コーナーが安いからすぐに家を出なきゃ」とあくせく考えている暇があったら、コーヒーやビールやタバコの量をとりあえず今の半分にしてはいかがでしょうか？　と思うのです。健康にもいいですし、一石二鳥です。

そして、この嗜好品の支出を抑えるためにも、嗜好品の予算は生活費ではなく、小遣いにしておくことをお忘れなく。

ちなみにこの教訓を思い知ったのが家内のひとこと。

「なんかこのお米いやや」

家内の提案で、10キロ3000円の無洗米を通信販売で買うことにしたのですが、そのパサパサ感に提案した家内が音を上げたのです。

「えぇ〜！　言い出したんそっちやん！」と突っ込んだ私ですが、自炊中心でお酒もタバコもやらない私たち、「一年あたり」では影響額も少ないですし、せめてお米は高くてもおいしいものを食べようと方針を転換しました。

でもこのお米10キロあるんですよね。この原稿書いてる現在でも、まだ半分もなくなっていません。チャーハンにでもするか……。

今日から貯金革命！

その19

見直すべきは細かな食費ではなく、嗜好品。コーヒー、ビール……これらの金額は日々ではは小さいが１年ではお米の７倍に上るものも。健康にもいいので、まずは週に１回嗜好品を取らない日を定めてみては。

「住」を意外と大胆に買ってしまっている人たち

「衣」「食」と続いたら次は「住」です。

日本人は平均すると3600万円のマイホームを買うそうです。おそらくほとんどの人にとって文字どおり「人生で一番高い買い物」だと思います。

日本人は家が好きです。家をステータスと考える傾向があり、成功のシンボルだと捉える人もいます。

私の親の世代だとほとんどの人が持ち家です。

結婚した当初、私たち夫婦もなんとなく「家でも買おうか」と思ってモデルルームを見に行きました。特に必要性を感じていたわけではなく、会社で結婚した先輩や同僚、後輩がどんどん家を買っていくのを見て、「僕らも買ったほうがいいのかな？」

と思っただけでした。

そして、3件ほどモデルルームを回った私たちの結論。

「高すぎる……！」

「家賃と同じご負担でマイホームが手に入ります」「今なら金利が低くておすすめです」「このマンションなら資産価値もあり、将来値上がりする〝可能性〟があります」などといろいろ営業トークを聞いたのですが、いざ数字に落とし込んでみるとどうしても買う気がしない。

そこで、「一度不動産の勉強をしよう！」という家内の提案で、帰り道に不動産の本を10冊ほど購入。夜に夫婦で読み漁りました。

するとその本の中で「不動産投資」の話を知り、1週間後、今度は不動産投資の本を20冊ほど購入。再び夜に夫婦で読み漁りました。

するとさらに興味がわいて、大阪で開かれていた不動産投資セミナーに夫婦で参加することにしました。

その不動産投資セミナーでとにかく念を押して言われたのが、**「投資用の不動産を**

買う前に、必ず100個の物件を見てください」ということ。

要は、「それくらい足で稼いで探さないといい物件はない」ということです。

私たちは「そんなに見られない」と思っていたのですが、最初の物件を買うまでに見学した物件の数は結局130件でした。

本当に気に入り、「これならお金を生み出せる」と確信を持てた物件に出合うまでには、実際それくらいの数を探す必要があったのです。

そして、実際に物件を決済するときは手が震えました。毎日夫婦で頑張って働いて、節約してコツコツ貯めたお金から数百万円をポンと出すわけですから。

「本当に大丈夫か？」という迷いもありましたが、130件も物件を見たことで「もしこれでうまくいかなくても、やるだけのことはやったのだから」という思いのほうが強かったのを覚えています。

一方、マイホームはどうでしょうか？

だいたい10件くらいのモデルルームを見て決める人が多いのではないでしょうか？

少ない人ならば3～4件のモデルルームを見て購入を決意する人がいます。しかもマイホームの値段は、私が買った小さな投資用の区分所有マンションの数倍高いはずです。

それなのに、みな10件程度を見学しただけで「ポン」と数千万円の買い物をしてしまうのが私は不思議でなりません。

マイホームであっても投資用不動産であっても、不動産は巨額、かつ長期にわたり使うものなので、1回間違ったものを買ってしまうと取り返しがつきません。購入の際には100件見て回るくらいの覚悟が必要になるのではないでしょうか？

今日から貯金革命！

その20

マイホームだって投資用不動産と同じ。値段で言えば、もっと慎重になるべき！
100件見て回らないと本当にいい物件は見つからない。

「住」の追加コストはとにかくすごい

しつこく復習しますが、トータルコストの4つのポイント、**「❶ それはいくらなのか／❷ それにはどれくらい追加コストがかかるのか／❸ それは何年使えるのか／❹ それはいくらで売れるのか」**。家に関してはどれもあてはまります。

ここではまず❷の「追加コスト」から順に見ていきましょう。

◉ 家を買うと、買値の2倍が出ていく

単純に考えただけでも、家を買うと次のようなコストがかかってきます。

・管理費
・修繕費
・固定資産税
・新しい家具
・借り入れをした場合の金利

家の追加コストを軽く見てはいけません。買った値段の倍、**たとえば3000万円の新築マンションを買ったなら6000万円近くのお金が出ていく計算になるのです。**

計算を単純にするために、現金も預金も株も一切持たず、3000万円の家だけを持っているとします。

その人は頭金なしの全額ローンでこの家を購入しました。

3000万円の新築の家の場合、約30%は販売業者の利益（人件費、広告宣伝費など）が入っているので、買った瞬間にその価値は約30%落ちます。つまり、買った次の日に中古市場で売っても2100万円程度の価格しかつかないということです。

また、３０００万円の住宅ローンを組んでしまった場合、その返済額は平均的な金利を想定すると35年ローンで４８００万円程度。借りたお金の１・６倍になります。

下の図のとおり、買った瞬間に２７００万円の「債務超過」になっているのです。

本来、会計のルールでは借金を総支払額で捉えることはないのですが、考え方としては間違っていないでしょう。

この債務超過を解消するには、毎日頑張って働いたお給料から返すしかありません。

心から気に入った素晴らしいデザインの新築の家を買うのはいいことですが、浮いた家賃と上がるテンションでこの２７００万円の債務超過が解消できるか？

■ ローンは金利を含んだ額で考えよう

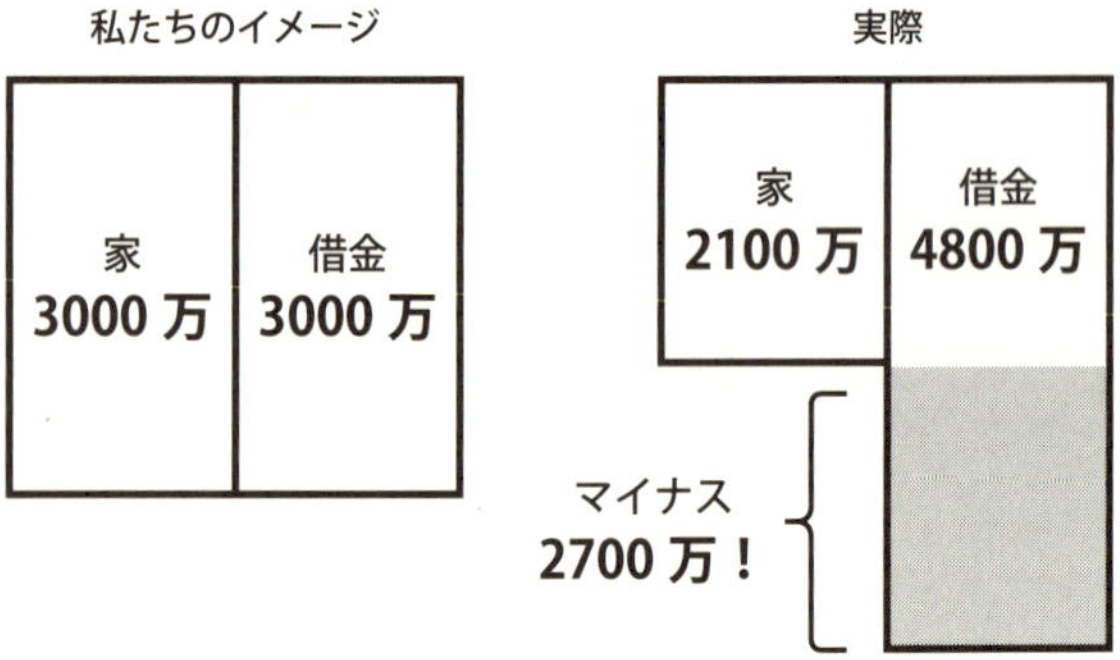

今日から貯金革命！

その21

新築の家は買値の2倍のコストがかかっている。管理費・修繕費・税金・家具・金利、すべての要素をざっくり計算して家は吟味するべき。お金を借りて買う場合には、もれなく「債務超過」が待っている。家を買うとどれほど追加コストがかかるかよーく考えるべき。

本来、家を買うときはそこまで考える必要があるのです。

ここまでが一般的に考えられる「住」の追加コストですが、「住」の追加コストはこれだけでは終わりません。

管理費などのように数字で割り出せる追加コストは対策も取りやすいのですが、これから説明する追加コストは決して目に見えないため、対策が立てにくいものです。

◉家は最強最大の「器」

前項で冷蔵庫の話をしましたが、家も「器」です。それも非常に大きな器で、あらゆる生活費の器になるものです。

大きな冷蔵庫があると、ものがどんどん入るからどんどん食料品を買ってしまうように、広い家に住んでしまうとついついものを買ってしまうのです。

「18帖のリビング！」という宣伝文句のマンションがあったとします。広いリビングはたしかに魅力的ですが、逆にそんな広々とした部屋を持ってしまうと、それ相応のテーブルが必要になります。

昔、私は東京で妹と2人で暮らしていたことがあります。

私はその前に暮らしていたワンルームマンションから、妹と一緒に住むためファミリータイプのマンションに引っ越したのですが、悩みだったのがあまりに殺風景なリビング。本当に何も置くものがなくガランとしていました。

そして、家が広くなって嬉しくなった私はテーブルを買ったりソファを買ったりしたのです。

今になって考えるとまったく必要のないものなのに、疑いなく買ってしまったのは、「器」が大きくなってしまったからだと思います。

人は器があるとものでで埋めたくなり、つい買ってしまうもの。

本棚があれば本を買いたくなり、冷蔵庫を買うと食料品を買いたくなり、食器棚を買うと食器を買いたくなるものです。

大きな家に住んでしまうと、たとえば次のような出費が考えられます。

- 充実したクローゼットやシューズケースといった衣料費
- テーブル、ソファ、大型プラズマテレビ

・部屋数が増えると増加する電気代の基本料金

などです。これらの追加コストは管理費や税金と異なり「家のせいだ」という実感がありません。「仕方がない」と思ってしまう費用です。

節約生活の大きな敵は「知らず知らず」です。

逆に、節約生活の最大の味方も「知らず知らず」です。

大きな家に住むと自然にたくさんのものを買ってしまい、コンパクトな家に住むと自然に節約家になるのです。

少し数字で試算してみましょう。

一人暮らしをはじめようとする独身社会人がワンルームマンションか、もう少しリッチな1LDKかで悩んでいます。そこに5年間住もうとしています。

この場合、広い家に住むための追加コストはどれくらいになるのでしょうか？

ワンルームから1LDKへ変わると部屋が1つ増えます。

考えられるのはテーブルセット、ソファ、広くなったクローゼットに詰め込む服、そしてそのクリーニング代、本棚とそこに入る本、エアコン、照明器具といったところでしょうか。

わかりやすく、ニトリの通販ホームページなどから価格を拾ったのが下の表です。

服を買わない人や本を買わない人がいるかもしれませんが、そんな人でも家にスペースがあれば絶対に何かを買いたくなります。

服や本に興味がなくても、サーフボードやスノーボード、バッグやインテリア、家電を買ってし

■ 家がワンランクアップしたときの費用一式

	価格	計算方法
テーブルセット	20000円	ニトリの通販ページ
ソファ	25000円	同上
服	144000円	スーツ1着50000円、ワイシャツ3枚で9000円、コート1着40000円、その他私服で30000円分増えると考える。またスーツとコートのクリーニング代が年3000円程度かかる（3000円×5年＝15000円）。
本及び本棚	81000円	本棚は東急ハンズ通販ページより6000円。その半分を1冊1000円の本50冊、あと半分を1冊500円のマンガ50冊で埋めるとする。
エアコン	30000円	ビックカメラホームページより
照明器具（天井）	10000円	同上
合計	310000円	

まうので、31万円の追加コストというのは大げさとはいえないと思います。

カップルや夫婦だと2DKを3LDKに、子どもがいるファミリーだと、3LDKを4LDKにするとさらに「器」が大きくなり、その空いたスペースを埋めてしまうのです。

家を選ぶときにはこの「器」の違いをざっくりとでもいいので数値化して、意識したいですね。

ちなみに私たちが現在住んでいる家は、3部屋です。

ひとつは仕事部屋、もうひとつがダイニングキッチン、そして寝室で、それぞれ7帖、8帖、4・5帖と非常にコンパクトです。少し狭い気もしますが、お金を稼ぎ、生活するには十分な広さだと思います。

冷蔵庫と同様、住居は生活費のワクに影響を与える「器」です。

もし、今どの物件にしようか悩んでいるなら、**自分が「いい」と思う部屋より、もうワンランク小さな部屋にしてはいかがでしょうか？**

今日から貯金革命!

その22

住居は生活費に大きな影響を与える「器」。大きければ大きいほどムダなものを買ってしまう危険性が高い。逆にコンパクトな部屋に住むだけで、「節約の仕組み」ができあがる。

◉ 恐怖の「お付き合い」

最後の追加コストが付き合う人です。

よく自己啓発の本には「付き合う人を選びなさい」と書いてあります。上昇志向でポジティブな人と付き合うと、自分もその影響を受けてポジティブになり、仕事、ひいては人生もうまく回っていきますよ、という考え方です。

「この1年で一番たくさんの時間話した人が1年後のあなたの姿です」と書いてある本もあります。

仕事に関する自己啓発本にも、よく「どんな仕事をするかより、誰と仕事をするかが重要だ」と書いてあります。

これも結局は「付き合う人を選びなさい」という意味に通じます。

何が言いたいかというと、**「人はびっくりするくらい環境に影響されやすい生き物だ」ということです。**

私は京都の中学から大学までエスカレーター式の学校に在籍していたのですが、当時ビックリしたのが同級生の裕福さ。家が京都の伝統産業のお店とか、独立している弁護士や税理士とか、会社経営者の子どもばかりでした。

そうなると、当然付き合いも派手。

冬には友達と1週間くらいスキー旅行があるし、制服がない学校だったので、みな高価な私服を着ていました。恥ずかしくないように、こっちもある程度の服を買わなければならない。

それはなかなか大変なものでした。

しかし、そういう生活を中学から大学まで10年間続けていると、冬にスキーに行くのがあたりまえになり、服はブランドものを着るのがあたりまえになります。

つまり、環境でお金の使い方が変わってしまうのです。

これは家選びでも同じ。

住宅情報を眺めていると、東京の世田谷区や文京区、兵庫の芦屋などの高級住宅地では非常に高い価格で物件が販売されています。

もちろん家自体も高いのですが、それよりも家を買ってしまったあとに予想される追加コストは「環境やお付き合いによる影響」。

たとえば、

となりの家がベンツに乗っていると、我が家も外車がほしくなりませんか？
となりの家が頻繁に海外旅行に行っていると、我が家も行きたくなりませんか？
となりの家の息子さんがお受験すると、我が家もお受験させたくなりませんか？

高級住宅地に住むと、こういった「追加コスト」が見えない形でもれなくついてきます。

もちろん高級住宅地は悪いことばかりではありません。当然不動産価格も下がりにくいですし、便利な場所にあることもあります。

しかし、こういった環境やお付き合いによる影響に真っ向から逆らえる人は非常にまれです。

私が大好きな書籍『となりの億万長者』（トマス・J・スタンリー、早川書房）の中には、億万長者になる秘訣として**「自分がその町で一番お金持ちになる町に住みなさい」**という言葉があります。

そうすれば、家賃や住宅ローンが安く済むことはもちろん、付き合いによる支出も安くなるからです。

「いや、お金持ちや高額所得者と付き合ったほうが〝自分もお金持ちになろう！〟と頑張れる」という人もいるかもしれません。

しかし、そういう人と付き合うのなら、仕事場やビジネスの場面で積極的に交流すればいいのです。

トマス・J・スタンリーのもう一つの著書『〝ふつうの億万長者〟徹底リサーチが明かすお金が〝いやでも貯まる〟5つの「生活」習慣』（イースト・プレス）によると、億万長者に「なりたいがなれない人」がたくさんお金を使い、正真正銘の億万長者は決してたくさんのお金を使わないものがあるそうです。

それが何かわかりますか？

答えは「ワインと時計と車」だとか。

高級腕時計を身につけたり、高いお酒を飲んだり、かっこいい外車に乗ったり、それ自体決して悪いことではないと思いますが、それは自分が本当に好きな場合だと私は思います。

ステータスとしての贅沢は一見うらやましく見え、憧れてしまいがちですが、まわりの人に合わせてお金を使うことほどバカらしいことはありません。

しかし、環境や付き合いの中に身を置いてしまうと、いつの間にかそれがあたりまえのように染みついてしまいます。

環境や付き合いによる追加コストは目に見えず自覚症状が少なく、じわじわ私たちの貯金をすり減らす糖尿病のようなものです。

この追加コストには常に気をつけたいものです。

今日から貯金革命!

その23

環境はお金に強い影響を与える。便利で価格の高い場所は、「環境」と「付き合い」の追加コストがある点に注意。ある意味自分で「浪費の仕組み」を作っていることになる。それでも便利な場所に住む必要があるなら、近所付き合いのある戸建てよりマンションがおすすめ。

「住」の寿命は実は短い

追加コストを見たところで、次は「何年使えるか」考えていきましょう。家は何十年も使うものなので、買うときにはとにかく長期的視点が必要になります。

そう、時間の概念を意識する必要があります。

日本の家の寿命はおおよそ40年と言われています。意外に短いのです。

しかし、40年という日本の住宅寿命であっても、30歳や40歳のときに買ったのであれば、概ね生きている間は使えるのではないかという予測が立ちます。

ただし、だからと言って「なら大丈夫だ」と安心してはいけません。

あとはその使用の効率性、つまり「濃さ」「稼働率」を考える必要があります。

たとえばこんなケースで考えてみましょう。

30歳で結婚し、32歳で第一子が生まれる。

35歳になったときに第二子が誕生。

37歳、5歳になった第一子は個室を必要とし、「いい機会」だと35年ローンでマイホームを購入。

しかし50歳前半で子どもは18歳になり、大学へ進学。一人暮らしをはじめる。

60歳で定年退職を迎え、夫婦二人で老後の年金生活……といったように考えていくと、4人家族の3LDKの家の稼働率は、下の図のとおり。

40年のうちたったの10年。25%しかフル

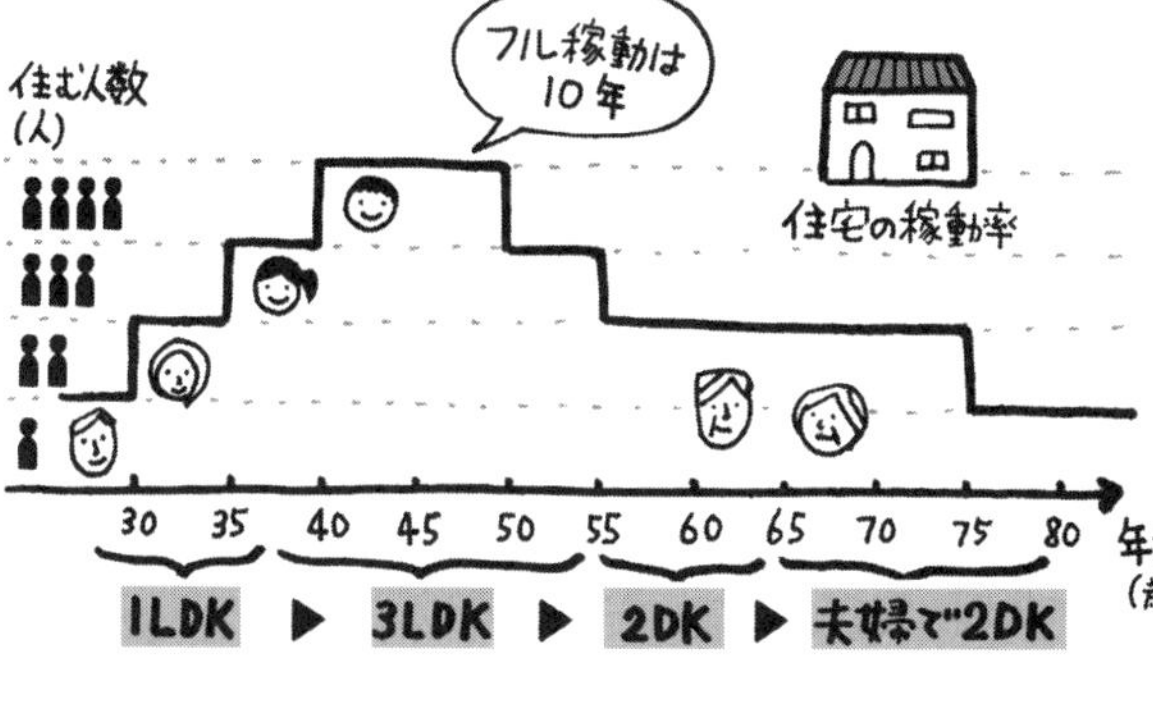

稼働しないのです。

さらに、今ではそれに追い打ちをかけるように夫婦の離婚が増加しています。従来であれば、一度結婚すれば生涯一緒に暮らすことが前提であったのですが、今は3組に1組が離婚する時代。

しかもその割合は年々増加しています。こうなってくるともはや離婚にネガティブなイメージはなくなり、歳をとってもその時々の状況に応じて、パートナーとくっついたり離れたりすることが増えるかもしれません。

また日本の経済力がどんどん弱まっている今、何十年後どうなっているかなどわかりません。もしかしたら、海外の人が日本に出稼ぎに来ているように、近い将来、自分が海外へ出稼ぎに行ったり、転職したりすることだってありえます。

といったように、誰が何年住めるかということがますます予想しづらい世の中になっていることに違いないのです。

よく、賃貸でも持ち家でも生涯の支払い総額は同じになるといわれていますが、この「稼働率」を考えると、やはり家族の数に合わせて賃貸を住み替えるのが効率的ではないかと思います。

たとえば前ページで出した家族４人のケースで考えてみましょう。子どものいない期間は１ＬＤＫや２ＤＫに住むとして、家賃はローンの支払いよりも月々５万円安くなると想定します。

そうするとその金額は、

（30～40歳）＋（50～80歳）＝40年

5万円／月×12ヵ月×40年＝２４００万円

の金額が浮くことになります。**日本人が子ども1人を育てるのにかかる養育費は、生活費、学費などすべて合わせて約３０００万円と言われています。**

家族構成に合わせて家を替えることで養育費の8割にも上るお金を捻出することができるのです。

マイホームの購入をやめろと言っているわけではありませんが、マイホームは決して「なんとなく」買ってしまうものではないのです。

一度、数字を使ってシミュレーションをしてみてください。

今日から貯金革命！

その24

家はとりあえず死ぬまでは使える。

しかし、稼働率は低い。

問題は物理的に死ぬまで使えるかではなく、経済的に死ぬまでそこに住めるのかということ。

「家族構成、経済情勢が変わっても大丈夫か？」を意識すること。

「住」はどうすれば売れるのか？

最後にトータルコストの４つ目、「いくらで売れるのか？」です。

前述のとおり、一生同じ家に住むのも今後は難しくなるかもしれないので、「いくらで売れるのか」も考慮しないとなりません。

家を買ったのちに転職や離婚が決まり、その家に住めなくなったとしても、高い値段で売れたり、高い家賃で貸せるのであれば、大きな損はしません。

最近になってようやく「最後に売れるのか、貸せるのか」という「資産性」を意識したマンションの広告が増えてきた気がします。

それだけ人々が「いくらで売れるのか」というポイントに注目を寄せていることが

わかります。

私たち夫婦の場合、自分たちは賃貸マンションに住み、持っているマンションはすべて人に貸しています。

そうすれば将来自分がどこで仕事をすることになっても大丈夫ですし、同時に安定した家賃収入が入ってくるからです。

そして人に貸すための投資用不動産を買うときに一番意識するのが、「駅からの距離」。

私は基本的に駅から徒歩10分を超えるマンションにはまったく興味を示しません。

なぜなら、**駅に近いか遠いかが、将来「いくらで売れるのか」に直結すると考えているからです。**

昔父からよく聞いた話なのですが、「俺が小さい頃、駅のまわりは一面田んぼだらけだった」ということです。年配の方に聞いたら実際そうらしい。

私の実家のある町の駅のまわりは、かつて一面田んぼや原っぱでほとんど人が住んでいなかったそうなのです。

でも、今は駅前にスーパーやショッピングモール、銀行やマクドナルドができて栄えています。

日本の人口は今減り続けています。国立社会保障・人口問題研究所の調査によると、あと40年くらい経った２０５０年には駅前が原っぱだった時代と同じ人口水準になるのです。

つまり、その頃と同じだけ日本に原っぱが増えることになる。

では、どこが原っぱになるのか？

私は利便性を考えると駅から離れた地域だと思います。駅から離れた場所が、50年前のように原っぱになるのです。

私は不動産投資関係でもセミナーをやっているのですが、よく聞かれる質問が「人口が減っていく日本で不動産投資はうまみがありますか？」というもの。

「不動産投資」を「持ち家」と置き換えることもできるかもしれません。

私はその際、いつも次のように答えています。

「全体的に見れば需要は下がりますが、今後起こると予想されるのは〝コンパクトシティ化〟。**不便な過疎地はどんどん人口が減り、便利な場所に移住するということが起こると思います。**つまり全体では需要が下がりますが、不便なところが淘汰されて便利な場所の需要は高まるので、やり方によってはうまみはあると思います」

家を買うときには常に長期的視点で。

「30年後の町の予想図」を思い浮かべて、「貸せるか」「売れるか」を意識する必要があります。

今日から貯金革命!

その25

家族も経済も流動的な未来では、とにかく家は流動的であるべき。
家は賃貸がおすすめだし、買うとしてもポイントは、「将来売れるか」「将来貸せるか」。
人口減少時代も需要がありそうな駅近などの便利な場所を選ぶべし。

第5章

ストレスフリーの貯金革命へ

貯金をもっと楽しもう！

第4章までで、なまけものでもお金を管理できる方法、そして具体的に「衣食住」で意識することを考えてきました。

最後の第5章では、その応用編として「ストレスなくお金を貯めるテクニック」と「お金を増やす家庭内の仕組み作り」を考えてみたいと思います。

私はお金に関するセミナーや講演をしているので、町の本屋さんにある節約本やお金に関する本をよく読みます。どの本も非常に参考になることばかりなのですが、逆にどの本にもあまり書いていないことがあります。

それは、「いかにして楽しく貯金をするか」ということです。

私たちは結婚してこれからの生活のためにお金を貯めようと決意してから、いろいろな方法を試したのですが、**結論として「結局ストレスを感じるものは続かない」と気がつきました。**

詳細な家計簿をつけたり、トイレの貯水槽にペットボトルを入れたり、１００グラム１５０円の豚肉が１００円になるセールを求めて自転車で走ったりする、こういった節約もたしかに大切ですが、そんな節約ばかりだと、みじめになって続かなくなるのです。

まずは、私たちがやっている「ストレスなくお金を貯めるテクニック」を順を追ってお話ししたいと思います。

目標なき貯金はしない

本書の「はじめに」にも書きましたが、目標なき節約、目標なき貯金は絶対に長続きしません。

お金は使うためにあるものです。**節約し、貯金するのであれば、必ず目標額とその用途を決めてください。そしてその目標額が貯まったら使い切ってください。**

お金はゴールではありません。

お金は食べられないし、お金は着られないし、お金に住むことはできません。

お金それ自体でできることは紙幣を燃やして暖をとるか、コインでスクラッチを削るくらいです。

また預金通帳のお金が増えることを見続けても、人生は楽しくありません。

お金の先にある、みなさん自身の**「本当に心の底から好きなもの」にお金を使ってください。**

節約や貯金により豊かな人生を送るためには、「お金を使わない」ことではなく「お金の使い道を変える」ことです。

本当は好きでもないのに、まわりに流されて使っているお金を減らし、本当に好きなことにお金を使うのです。

貯金は目的を決めて、貯まったお金を使う日をイメージして、今日も節約に励むのです。

「競争相手を持つ」

私たちは夫婦で「貯金ゲーム」をしています。

日経新聞の節約コーナーで見つけた方法なのですが、エクセルで1〜365の数字を書いたマス目のシートを2つ作り、貯金箱に入れた金額分だけマス目を塗りつぶすのです。

たとえば100円入れたら100のマスを、250円入れたら250のマスを塗りつぶしていきます。

これを自分のお小遣い（の余り）からやって、夫婦でどちらが先に塗りつぶし終えるかを1年間で競うのです。

そして、1・2・3……365と貯金していき、**1年間で貯まるお金は総額**

6万6795円。2人分だと13万円以上です。

これを先に塗りつぶしたほうが総取りできるという恐ろしいゲームです。

３００円を貯金箱に入れるのが苦しい日でも、５円なら入れることができます。

また、１００円の個所を塗りつぶしたあとにまた１００円を貯金したい場合には、3円と97円というように調整して塗りつぶせばいいのです。

ポイントはとにかく簡単に毎日続くようにすること。そして競っている状況がわかるようにリビングに目立つ形で貼ることです。

なぜこんな方法を導入したかというと、次のようなやり取りがあったからです。

当時「さらなる節約方法」を模索していたところ、家内から「小遣いのさらなる圧縮提案」がありました。

そのときはまだ勤め人だったのでお小遣いは「昼食代込みの4万円」。

これ以上減らされてはたまらないと思い、私は反対しました。

そんななか「どうしたら自主的に小遣いを減らせるだろう？」という悩みのもとでこの方法が導入されました。

小遣いの圧縮に「競争」という原理を持ち込むことで、日々の缶コーヒーやちょっとしたコンビニのお菓子を買うことを抑え、自主的な小遣い圧縮が可能になりました。

ちなみに、この年は私の完敗でした。

このように節約や貯金はゲーム感覚で実行し、「競争」の概念を入れると、ストレスもたまらずスムーズに進みます。

独身や実家暮らしで競争相手がいない方の場合は、「節約ブログ」をはじ

■ 365日貯金のシート

★365日貯金シート！

年　月　日スタート！

1	2	3	4	5	6	7	8	9	10	11	12	13	14	15	16	17	18	19	20
21	22	23	24	25	26	27	28	29	30	31	32	33	34	35	36	37	38	39	40
41	42	43	44	45	46	47	48	49	50	51	52	53	54	55	56	57	58	59	60
61	62	63	64	65	66	67	68	69	70	71	72	73	74	75	76	77	78	79	80
81	82	83	84	85	86	87	88	89	90	91	92	93	94	95	96	97	98	99	100
101	102	103	104	105	106	107	108	109	110	111	112	113	114	115	116	117	118	119	120
121	122	123	124	125	126	127	128	129	130	131	132	133	134	135	136	137	138	139	140
141	142	143	144	145	146	147	148	149	150	151	152	153	154	155	156	157	158	159	160
161	162	163	164	165	166	167	168	169	170	171	172	173	174	175	176	177	178	179	180
181	182	183	184	185	186	187	188	189	190	191	192	193	194	195	196	197	198	199	200
201	202	203	204	205	206	207	208	209	210	211	212	213	214	215	216	217	218	219	220
221	222	223	224	225	226	227	228	229	230	231	232	233	234	235	236	237	238	239	240
241	242	243	244	245	246	247	248	249	250	251	252	253	254	255	256	257	258	259	260
261	262	263	264	265	266	267	268	269	270	271	272	273	274	275	276	277	278	279	280
281	282	283	284	285	286	287	288	289	290	291	292	293	294	295	296	297	298	299	300
301	302	303	304	305	306	307	308	309	310	311	312	313	314	315	316	317	318	319	320
321	322	323	324	325	326	327	328	329	330	331	332	333	334	335	336	337	338	339	340
341	342	343	344	345	346	347	348	349	350	351	352	353	354	355	356	357	358	359	360
361	362	363	364	365															

ポイント

・ラインマーカーで塗りつぶす

めるのもいいと思います。

月初の小遣いや生活費金額を書き込み、そこから毎日の残高を記録し続けるのです。誰かからのコメントが入ると、「見られている」という感覚が働き、「頑張らなきゃ」という意識に切り替わります。

節約や貯金は一人でやってもなかなか成功しません。

競える人、コメントをくれる人、そして褒めてくれる人がいなければ続かないので、ゲームやブログでそういった仕組みを作ってしまいましょう。

今日から貯金革命！
その26

貯金や節約はゲーム感覚で「競争」する。
競争相手がいない場合には、ブログに節約日記を書く。
「誰かが見てるから」という意識が働き頑張れる。

ディスカッション相手を持つ

「365日貯金法」のように、我が家では常に家の運営を効率化する方法を夫婦で提案し合っています。そしてそのアイデアは思いついたらすぐ実行して、うまくいきそうだったらずっと導入。

ちょっと無理だな〜と思ったらまた別の方法を考えるのです。

そして毎年年末に「今年のアイデア大賞」を二人で話し合い、グランプリを獲得したほうに、獲得できなかったほうがご飯をおごる（もちろんこれも小遣いから）約束になっています。

本書で紹介した貯金のテクニックや仕組みもほとんどこの「アイデア大賞」から生

まれたもの。毎日知恵を絞ることで、徐々にですが家計は好転していくものです。
ちなみに今までのグランプリや優秀賞には、

- 365日貯金法
- 「生活費財布」の導入
- 金利3倍のインターネット銀行の導入
- 毎月末の「残高表」の導入

などのような家計部門の他にも、ごみのまとめ方の改善や、洗濯物の干し方の改善、朝の英語学習の時間のようなものもあります。

このディスカッションの良い点は、「二人で決めた」という意識が芽生えること。

家庭での節約がうまくいかない大きな理由の一つに「俺だけが」「私だけが」という不公平感が生じることが挙げられます。

「俺が毎日ワンコインランチで我慢してるのに、あいつは3000円のワインランチに行ってる」というお父さんの不満や、「私がこんなに毎日家計簿つけて切り詰めているのに、ムダな飲み会にお金使って」というお母さんの不満は、長い目で見れば貯金のスピードを落とし、家庭内の不和にもつながります。

私たちは二人でお金についての講演をやっているのですが、その際に一番質問されるのが「どうやって夫婦の価値観を合わせていますか？」というもの。

「不公平感」にはみなさんとても苦労しているようです。

「不公平感」を取り払うためにも月に1回、**「残高表」を作るときに、家庭で節約と貯金の話し合いを持つようにしましょう。**

ディスカッションの場を持つことで「一緒に頑張っている」という空気感を作りだすことが大切になります。

今日から貯金革命!

その27

家庭で月1回節約や貯金について話し合う時間を作ろう。
大事なのは「一緒に頑張っている戦友」という意識。
貯金は一人が頑張っていても決してうまくいかない。

仕事を頑張ろう

ストレスフリーの貯金術、4つ目の方法です。

それは単純な話。毎日の仕事を一生懸命頑張るということです。

家内は若いときお金に苦労していたこともあって、会計士の受験勉強をしているときは「合格してお給料をもらえたら、あれを買って、これを買って……」と合格したときにいろんなものを買おうと皮算用をたくさんしていたそうです。

しかし、合格して給料やボーナスをもらって、いざデパートに行っても別にほしくはなくなっていて、結局何も買わずに帰ってきたそうです。


それはなぜか？

人間は「いつでも買える」状態になると、ものがほしくなくなるのです。


みなさんも学生時代にこんな経験ありませんか？

期末テストの直前、勉強しなければならないときにかぎって、別に今まで読みもしなかった本棚のマンガが読みたくなる。テストが終わったら一杯読んでやろう！と我慢して勉強して、テスト後いざ家に帰ってみると別に読みたいとも思わない。

人間は時間がないときはいろんなことをしたくなるのですが、時間がふんだんにあると別に何もしたくなくなる。

時間管理の自己啓発本によく、時間を効率的に使う方法として「常に予定を埋めておく」というものがありますが、これはこのテスト前効果を利用して、時間をムダに使わないようにするものです。


お金も同じ。

お金を貯める一番ストレートな方法は、日々の仕事を一生懸命頑張り、たくさんお金を稼ぐことです。

「いつでも買える」状態に自分を持っていくことで、「あれもほしい、これもほしい」という感覚をなくしてしまえばいいのです。

また、仕事を頑張ってまわりから認められると自尊心が満たされます。高級住宅街に住んだり、外車を買ったりしなくても、周囲が「素晴らしい人だ」と認めてくれます。

収入も増えるし、支出も減る。

仕事を頑張って、充実した人生を送ることは何よりの節約になるのです。

今日から貯金革命！

その28

節約のための一番単純な方法は仕事を頑張ること。見栄の出費がなくなり、収入も増える。いいことずくめです。

貯金したお金を増やす

第3章では生活費を予算化して、毎月決まった金額を貯金する方法を提案しました。
ここで提案したいのは、お金が増える仕組み作りです。
簡単にいうと、「お金」で自分の行動を縛ってしまうのです。
具体的に説明すると次ページの図のようになります。

貯金がある程度増えてきたら、「貯金」と「残業代」、していれば「副業」の合計額を毎月末3分割して、「❶勉強口座」「❷株式投資口座」「❸交際費口座」に振り分

けてしまうのです。

また、ボーナスが入ればそれはすべて銀行の「❹定期預金」に預けてしまいます。

❶と❸については財布自体も分けてしまい、生活費のお金と決して混ざらないようにします。

可能であれば❶と❸についてはそれぞれクレジットカードを作ってしまうのもいいかもしれません（当然年会費無料のもの）。

❶勉強口座

セミナーに行ったり本を買ったりする場合に使用する口座です。英語の勉強をするときのお金などもここから出します。

この口座は、とにかく自分のスキル、知識を高

■ お金を増やすお金の使い方

貯金	× 1/3	→	勉強
残業代	× 1/3	→	株式
副業	× 1/3	→	交際費
ボーナス		→	定期預金

めるために使うこと。

そうすることで、将来の収入が増えることを目的にしています。

朝出勤前にカフェで1時間英語の勉強をするのであれば、英語の教材だけでなく、コーヒー代もこの口座から出します。「1時間英語の勉強をすれば、小遣い以外からコーヒーが飲める！」と思うことで英語の勉強がはかどるのであれば、コーヒー代など安いものです。

また、投資のセミナーやビジネススキルのセミナー、資格の取得にかかる授業料もここから支出します。

本も自分の知識を高め、仕事以外の人付き合いの幅を広げるので、この口座から払います。仕事で役に立ちそう、自分の意識を高められそうなものであれば、雑誌でもかまいません。

私たち夫婦もこの勉強口座からセミナーに行き、本を買っています。

口座を分けるというメリットを思い知ったのもこの勉強口座でした。

以前の私たちは、それほど本を読みませんでした。

しかし、生活費の完全予算制を実施して、予算に縛られた生活を過ごしていると、どうしても「パーッ」とお金が使いたくなるときがあります。

そんなとき、**小遣いの予算とは別の口座から使えるこの「勉強口座」は非常にいいストレス発散になりました。**

お金の使い道が「勉強」と決まっている口座なので、使うことはもっぱら本。いつの間にか読書の楽しみに気づき、夫婦で年間300冊くらい本を読む読書夫婦になりました。そして、そこで得た知識を活かして今では執筆や講演活動も行い、収入を得ています。

「本を読め！」と親から散々言われたのに、マンガばかり読んでいた私が、読書人間になったのはこの「口座の縛り」のせいだと思います。

人間は何をするにも、空気と時間とお金が必要です。

空気と時間に縛りを設けて自分の行動を律することはできませんが、お金に「口座」という縛りを設けて自分を自分の進みたい方向に誘導することはできるのです。

今日から貯金革命!
その29

増えていくお金のうち、3分の1は「勉強口座」。用途は「本」「セミナー」「語学」など自分の知識とスキルを高め、長期的に収入を増やすもの。

❷株式投資口座（証券口座）

これは株式投資をするための証券口座です。

たしかに株式投資はリスクがありますが、独身時代から少額ではじめることで、少しずつリスクに慣れることができます。

株式投資でも不動産投資でも、最初は大きく損をしました。

しかし、1年を過ぎた頃から帳尻が合いだし、今では安定して利益が生まれています。

勉強も投資も同じで、最低1年は頑張らないと成果は出ません。ですから、大切なのは「自動的に1年頑張ってしまう仕組み」を作ることです。

貯金＋残業代（＋副業）の毎月3分の1を証券口座に入れて株を買い、推移を見守るのです。

こうすると最初は少額から株式投資をはじめられ、自動的に継続して投資を続けることができ、長期投資の王道である「❶少額から」「❷我慢して続ける」を知らず知らずのうちに達成することができます。

そしてもう一つ重要な点は、**株式投資から得られる毎年の配当を必ず再投資すること、つまり配当も使ってしまうことなく株式投資口座に入金するのです。**

たとえ500円の配当であっても全額を再び証券口座に入れて、株式の購入資金にあてるのです。そうすることで、その500円が将来また配当を生み、文字どおり「雪だるま式」にお金が増えることになります。

バブル期に日経平均株価が４万円近くを記録した日に、東証の全銘柄を株価の割合でまんべんなく購入し、日経平均が１万円前後をうろうろしている２０１０年まで持ち続けたらどうなるか、というシミュレーションをした人がいます。どれくらいの損をしているのかと思いきや、結果はなんと10％程度の儲け。

なぜそんなことになるのかというと、一つはライブドアでもおなじみになった「株式分割」（発行されている株を分割すること。たとえば１株１万円の株を２分割すると、１株あたりの値段が５０００円近くまで下がるので、いろいろな人に新しく買ってもらえる）が20年の間にたくさん行われていて、日経平均株価ほどの落ち込みはないこと。

そしてもう一つの理由はこのシミュレーションでは、受け取った配当をすべて再度株式の購入にあてていることを前提にしていたそうです。

「再投資」という「雪だるま作戦」がものすごい効果があることを示す実験だと思います。

最初は怖いかもしれません。だからこそ最初は３分の１の金額ずつゆっくりはじめてみてはいかがでしょうか？

今日から貯金革命!

その30

株式投資は
①少額から
②継続
③再投資
が重要。そのためにも
口座にはしっかり毎月
3分の1を振り込む。
間違っても配当に手をつ
けてはならない。

❸交際費口座

これは、冠婚葬祭や職場での飲み会で使う口座です。

第3章で「小遣い3万円ではとても職場の付き合いがまかないきれない！」とお嘆きだった方、安心してください。

私たちの貯金方法では意図的に「抜け道」を用意しています。

どうしてこの口座を設けたかというと、それは**「スッキリお祝いがしたいから」**。

節約生活を頑張って小さな金額を切り詰めていると、友人の結婚式でご祝儀を渡すときに「もったいないな」と思ってしまわないかが不安になりました。

こういったお祝いの席では心の底から「おめでとう！」と惜しげもなく素晴らしいプレゼントを贈りたいと思ったので、夫婦で話し合い、この口座を設けたのです。

また小遣いの縛りがあるからといって、人とのつながりがなくなると、結局人生はじり貧になります。

節約も大切ですが、人とのつながりはもっと大切です。そのため、「人とのつながりを断たないように」という願いも込めてあります。

だから、この口座の別名は「人のため予算」。

あるとき知人から教えてもらった福祉施設が新しい洗濯機をほしがっていると知ったら洗濯機を贈ったり、両親の誕生日にプレゼントを贈ったり、またあるときは後輩を連れて飲みに行ったり、長いこと会っていない地方都市の後輩と会ったり、とにかく喜んでもらえることに使うようにしています。

ただし、一つルールがあります。

それは、**飲み会に使うのであれば必ず「初めての人」もしくは「1年以上会っていない人」を参加させること。**

今まで職場で話したことがない、もしくは疎遠になっている友人を一人でも参加させることで初めてこの口座を利用することができるのです。

いつものメンバー、先週会ったばかりの友人との飲み会ならば自分の小遣いからになります。

こうしないと、何でも「交際費予算」となってじゃんじゃん飲みに行ってしまうからです。

私が家でこのルールを導入してから、とにかく新しい人と出会うようになりました。

・職場で話したことがなかった人
・疎遠になっていた同級生
・SNSで出会った人

など、新しい出会いがどんどん増えました。

「初めての人」「1年以上会っていない人」とルールを設けた「人のための予算」。

ここでも勉強口座と同じく、お金で行動を縛ることで、たくさんの新しい出会いを得ることができました。みなさんも一度お試しください。

今日から貯金革命!
その31

節約だけで家計を縮小すれば、人生も縮小する。
プレゼント、初めての人、疎遠になっている人にお金を使う
「人のため予算」を設けるべき。

❹定期預金

最後にボーナスの使い道です。

これはいわゆる「もしものとき」のために取っておきます。明日から急遽入院するかもしれませんし、不祥事でいきなり会社がなくなるかもしれません。

ですから、勉強や株式投資も大切ですが、もし入院や失業をしても、しばらくは持ちこたえられるお金(現金)を用意しておく必要があるのです。

ボーナスがそれぞれ月給の1ヵ月分、春夏2回支給であれば、それらすべてを預金

することで、6年で月給約1年分の定期預金ができることになります。
22歳で就職したとして、結婚適齢期までにはボーナスだけで年収分くらいの貯金が作れることになります。それだけあれば、とりあえず病気を治す間の生活や、新しい仕事を探す間の生活は賄えそうです。

とりあえず月収の12ヵ月分、できれば18ヵ月分定期預金が貯まるまで、ボーナスは自動でプールし続けましょう。

今日から貯金革命!

その32

ボーナスはすべて定期預金に。月収12ヵ月分が貯まれば、とりあえず1年間は今の生活水準を維持できる。ただし、定期預金は金利のいいところを探すべき。銀行によって金利は3~5倍違う。

◉結婚してからの口座分け

ここまでが独身の方の口座の分け方です。

一方結婚した場合には、マイホームのことが頭をよぎるので、下のような¼ルールによる口座の分け方がおすすめです。

持ち家派の方はマイホームの頭金を貯めるのに使い、賃貸派の方は投資用不動産の頭金として貯めてもよいでしょう。

こうすることで、口座による行動の縛りが達成できます。

前述の⅓ルールでも、この¼ルールでもポイントは3つ。

「❶自動化」「❷再投資」「❸使い切り」です。

■ 結婚後は不動産用の資金も貯める

貯金	× 1/4	→	勉強
残業代	× 1/4	→	株式
副業	× 1/4	→	不動産
配偶者の給料	× 1/4	→	交際費

ボーナス ──→ 定期預金

❶ 自動化

独身時代の3分割、結婚してからの4分割はとにかく感情を挟まずに自動的・機械的に行うこと。人間は感情が挟まると「易き」に流れがちです。

とにかく機械的に分割して、口座で行動を縛りましょう。

❷ 再投資

株式投資や不動産投資で得た収入は再投資すること。そうすることで「雪だるま式」にお金は増えていきます。

❸ 使い切り

せっかくお金を分けても、使わないのであればそれは銀行普通預金と同じです。

金利0・00……%という超効率の悪い投資をしているに過ぎません。お金を貯めることが最終目的になってはいけません。

お金はキチンと決めた目的通りに使わないと楽しくもなく、また結果的に増えることもないのです。

「必ず長続きする貯金革命の心構え」

最後は心構えです。

私たちは最初、1円単位でたくさんの項目の家計簿をエクセルで作り、実行しようと思いましたが、ものの見事に失敗しました。

そしてエクセルと実際のお金が合わないことでたくさんケンカもしました。

そんな私たちが自分たちの失敗を踏まえて提唱したい「貯金革命の心構え」は次の2つです。

1 節約や貯金には絶対「100円単位以下」の話を持ちこまない

ということです。

貯金において気にするべきは結果であり、過程ではありません。

そのため私たちが常にチェックするべきは残高表の「純資産（残高）」です。そしてそれは千円単位か万円単位であるべきです。

10円、100円の違いがわかったところで、未来の節約の大きな助けになることはありませんし、節約、そして貯金を達成するためには何より「続ける」ことが大切だからです。続けるためにはとにかくざっくり、そのために100円以下の単位の管理は捨て去るべきなのです。

❷ 怒らない

うまくいかなくてもイライラしないことです。

イライラしてもお金は貯まらないし、イライラするくらいだったら翌月うまくいく方法を考えるのです。

予算を守れなければ、最初はもう少し予算を増額してもいいかもしれません。

大事なのはとにかく「達成できた！」という喜びです。一度喜びを体験すると「もう少しいけるのでは？」という気持ちが生まれるので、その気持ちを利用してそこから予算を減額すればいいのです。厳しくやって続かないより、ゆるーくやって続いたほうが良いに決まっています。

私たちは、お互いの小遣いの使い道について一切干渉しません。

もともと金額が少ないというのもありますが、予算を守っている以上「それはムダ使いじゃないか」とか「もっと減らせるんじゃない？」ということは絶対に言わないようにしています。

なぜなら、私たちは経験上、ストレスを感じることが節約の一番の敵だと気づいたからです。

とにかく怒らない、イライラしない、家族がいる人は家族をとがめない、できることからはじめて、そこから「もう少し」を追求することが「貯金革命」の秘訣になります。

貯金革命のまとめ

① 残高表を作る（千円単位）

現金	住宅ローン
預金	自動車ローン
株式	消費者金融
不動産	純資産
車	
保険返戻金	

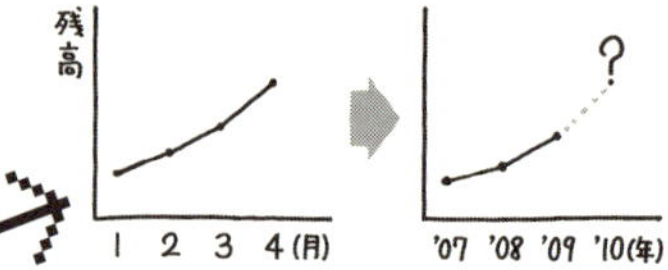

毎月末に作成して、グラフ化！
通帳残高とともに、ひと月ごと推移を見ていく。
できれば3年ごとのグラフも作成するとよいです。

② 予算表を作る（千円単位）

	予算の組み方	記録の残し方		
固定費	前月金額	何もしない	家賃	給与（基本給）
	前月金額	何もしない	保険	
変動費	過去3ヵ月の平均	口座引き落とし・クレジットカード決済にし、あとは何もしない	水道高熱通信	残業
うっかり費	過去3ヵ月の平均の80%（アバウトでもよい）	レシートボックスを作る	小遣い	副業収入
			生活費	配当
			貯金	家賃収入

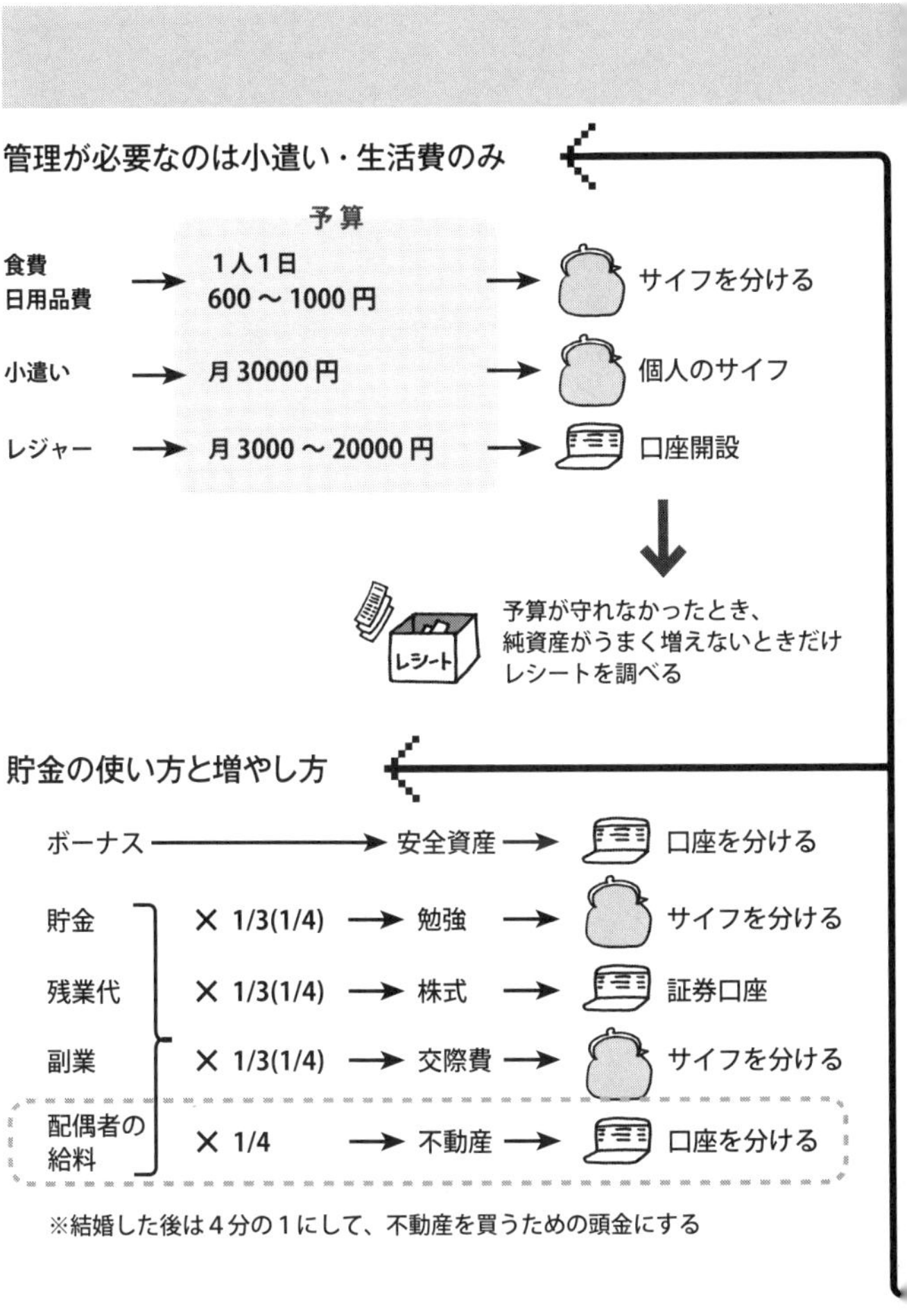
管理が必要なのは小遣い・生活費のみ
予算
食費
日用品費
1人1日
600 ～ 1000円
サイフを分ける
小遣い
月30000円
個人のサイフ
レジャー
月3000 ～ 20000円
口座開設
レシート
予算が守れなかったとき、
純資産がうまく増えないときだけ
レシートを調べる
貯金の使い方と増やし方
ボーナス
安全資産
口座を分ける
貯金
残業代
副業
配偶者の給料
× 1/3(1/4)
勉強
サイフを分ける
× 1/3(1/4)
株式
証券口座
× 1/3(1/4)
交際費
サイフを分ける
× 1/4
不動産
口座を分ける
※結婚した後は4分の1にして、不動産を買うための頭金にする

あとがき

この本は、私たち夫婦が結婚して間もないころに「あーでもない」「こーでもない」と試行錯誤した結果について実行することにより、ある程度うまく機能した家計管理術についてまとめたものです。

今になって読み直してみると、非常に懐かしく感じるのですが、結婚7年目に入った今でも家計管理における基本的なスタンスは変わっていないことに気づきます。家計管理は「シンプル」であると同時に「前向き」であるべきなのです。

貯金や節約というとにかく「お金を使わない」ことだと誤解されやすいのですが、一番大切なのは「好きなものにじゃんじゃんお金を使うために、好きでもないものにお金を使うのをやめる」という考え方です。

よくよく自分のお金遣いを見直してみると、私たちは何と多くの「見栄」や「流行」のためにお金を使っていることでしょうか。そういった「好きでもないもの」へのお金の流れを止め、自分が「本当に心の底から好きなもの、大切にしたいもの」へお金を流すのが節約なのです。

そう考えると「節約」とは「人生の優先順位の再確認作業」と言い換えることができるのかもしれません。逆に考えるとこの「人生の優先順位」さえ固まれば、もはや家計管理は成功したも同然と言えます。

本書がそんなマインドチェンジの一助になれば著者として大変うれしく思います。

本書の刊行にあたり、講談社の藤枝さまには大変お世話になりました。遠い異国の地からの遠隔でのやりとりになりましたが、我慢強く私の希望に対応してくださり本当に感謝しております。この場を借りてお礼を申し上げます。

また、本書の元となりました原稿の作成時には、クロスメディアパブリッシング社の小早川さま、下松さまにも大変お世話になりました。本書を読み直していますとあの頃何度も原稿をやり取りしていたことが懐かしく思い出されました。こうやってまた文庫化という形で本書が世にでるようになったことをうれしく思いますとともに、この場を借りて御礼申し上げます。

野瀬大樹　野瀬裕子

本作品は2010年4月、クロスメディア・パブリッシングより刊行された『家計簿が続かない人の貯金革命』を改題し、文庫収録にあたり再編集したものです。

野瀬大樹―公認会計士・税理士。大手監査法人にて会計監査、財務調査などに関わったのち独立。現在は野瀬公認会計士事務所代表。会計知識に加え自ら実践している不動産投資や株式投資の経験・知識をベースに、証券会社から小中学校まで会計やお金に関するセミナーを行っている。妻・裕子との共著に『20代、お金と仕事について今こそ真剣に考えないとヤバイですよ！』（クロスメディア・パブリッシング）、『自分でできる　個人事業主のための青色申告と節税がわかる本』（ソーテック社）などがある。

野瀬裕子―公認会計士・税理士。大手監査法人にて会計監査、医療法人向けコンサルティング業務などに関わったのちに退職し京都大学経営管理大学院MBAコースを卒業。現在は活動のベースをインドに置き、日系企業のインド進出支援業務を手掛けるコンサルティング会社NAC Nose India Pvt. Ltd.をニューデリーに設立。現地で会計・税務サービスを提供している。

講談社+α文庫　家計簿《かけいぼ》をつけなくても、お金《かね》がどんどん貯《た》まる！

野瀬大樹《のせひろき》＋野瀬裕子《のせひろこ》

2013年12月19日第1刷発行

発行者――鈴木 哲
発行所――株式会社 講談社
東京都文京区音羽2-12-21 〒112-8001
電話 出版部(03)5395-3529
販売部(03)5395-5817
業務部(03)5395-3615

カバーイラスト――千葉さやか
デザイン――鈴木成一デザイン室
本文データ制作――朝日メディアインターナショナル株式会社
カバー印刷――凸版印刷株式会社
印刷――慶昌堂印刷株式会社
製本――株式会社国宝社

落丁本・乱丁本は購入書店名を明記のうえ、小社業務部あてにお送りください。
送料は小社負担にてお取り替えします。
なお、この本の内容についてのお問い合わせは
生活文化第二出版部あてにお願いいたします。
Printed in Japan ISBN978-4-06-281539-0
定価はカバーに表示してあります。

講談社+α文庫 ©生活情報

- 履くだけで全身美人になる！ **ハイヒール・マジック** マダム由美子
  ハイヒールがあなたに魔法をかける！ エレガンスを極める著者による美のレッスン
  552円 C 167-1
- **生命保険の罠** 保険の営業が自社の保険に入らない、これだけの理由 後田 亨
  元日本生命の営業マンが書く「生保の真実」。読めば確実にあなたの保険料が下がります！
  648円 C 168-1
- **5秒でどんな書類も出てくる「机」術** 壷阪龍哉
  オフィス業務効率化のスペシャリスト秘伝の、仕事・時間効率が200%アップする整理術！
  667円 C 169-1
- **クイズでワイン通** 思わず人に話したくなる 葉山考太郎
  今夜使える知識から意外と知らない雑学まで、気楽に学べるワイン本
  648円 C 170-1
- **頭痛・肩こり・腰痛・うつが治る「枕革命」** 山田朱織
  身体の不調を防ぐ・治すための正しい枕の選び方から、自分で枕を作る方法まで紹介！
  590円 C 171-1
- 病院ランキングでは分からない **実はすごい町医者の見つけ方** 永田 宏
  役立つ病院はこの一冊でバッチリ分かる！ タウンページで見抜けるなど、驚きの知識満載
  600円 C 172-1
- **極上の酒を生む土と人 大地を醸す** 山同敦子
  日本人の「心」を醸し、未来を切り拓く、新時代の美酒を追う、渾身のルポルタージュ
  933円 C 173-1
- **一生太らない食べ方** 脳専門医が教える8つの法則 米山公啓
  専門家が教える、脳の特性を生かした合理的なやせ方。無理なダイエットとこれでサヨナラ！
  571円 C 174-1
- **知ってるだけですぐおいしくなる！ 料理のコツ** 左巻健男 稲山ますみ 編著
  肉は新鮮じゃないほうがおいしい？ 身近な料理の意外な真実・トクするコツを科学で紹介！
  590円 C 175-1
- **腰痛は「たった1つの動き」で治る！** 吉田始史 高松和夫 監修
  ツライ痛みにサヨナラできる、「たった1つの動き」とは？ その鍵は仙骨にあった！
  552円 C 176-1

＊印は書き下ろし・オリジナル作品

表示価格はすべて本体価格（税別）です。本体価格は変更することがあります

目次